Wim van Grinsven
& Jack Botermans

Ehe für Anfänger

Mehr als 100 Dinge,
die ein cleverer Bräutigam
wirklich wissen muss!

LAPPAN

Die Liebe verleiht Männern Flügel, die Ehe hält sie im Gleichgewicht.

Inhalt

Raum zum Wachsen

Yes! Ihr habt den ersten Schritt gemacht und den Sprung ins kalte Wasser gewagt. Ihr habt euch das Ja-Wort gegeben und beschlossen, Liebe und Leid miteinander zu teilen. Du kennst und liebst sie.
Du liebst die Art, wie sie sich morgens mit der Hand durch ihr Haar streicht. Ihre Wangengrübchen, ihr Gefühl für Humor und ihr grenzenloses Interesse für dich. Dies wird sich nicht wirklich komplett verändern, doch im Laufe der Zeit wirst du endgültig vom weißen Pferd, auf dem sie dich hat heranreiten sehen, herunterfallen. Natürlich ist sie immer noch deine große Liebe, dein Alles, doch hierzu gehört allmählich auch eine wachsende Anzahl kleinerer und größerer Ärgernisse und Irritationen.
Das ist weder verrückt noch beunruhigend. Es bedeutet weder, dass ihr euch voneinander entfernt, noch das Ende. Es bedeutet lediglich, dass die Flitterwochen definitiv vorbei sind und ihr euch immer mehr vertraut und somit wagt, auch immer mehr von euch zu zeigen. Der Mantel der Liebe wird etwas öfter in den Schrank gehängt, sodass alles, was darunter verborgen war, ans Tageslicht kommt.
Eure Heirat hat zwar viele Veränderungen mit sich gebracht, doch ist jeder von euch zum größten Teil er bzw. sie selbst geblieben. Du hast immer noch Lust, ab und zu allein mit deinen Kumpels wegzugehen.

Du lässt noch stets deine Unterwäsche da liegen, wo sie hinfällt und kannst es immer noch nicht ausstehen, wenn jemand den Fahrersitz verstellt.
Dieses Buch gibt nicht nur ein realistisches Bild vom Stand der Ehe, sondern gleichzeitig eine Menge Tipps und Ratschläge, damit sie eine gute Ehe bleibt: Ein Bund zweier Menschen, die sich gegenseitig den Raum zum gemeinsamen Wachsen geben.
Vielleicht werden dich all die Tipps und Ratschläge ein wenig überwältigen. Es ist, wie auch immer, keine gute Idee, sie alle gleichzeitig umsetzen zu wollen. Nutze die hier zusammengetragenen Erkenntnisse und setze um, was dich am meisten anspricht. Auch eine Ehe wird nicht an einem Tag erbaut.

Eine gute Ehe ist eine **VERBINDUNG**, keine Mischung.
Anton Philips

Bedenke, WAS DU SAGST

Musste das wirklich sein?
Warum, in Himmels Namen, hast du das gesagt? Was wolltest du mit dieser beiläufigen, spontanen und unbedeutenden Äußerung: „Hast du ein wenig zugenommen, Schatz, oder kommt mir das nur so vor?" bezwecken?

Die Anmerkung saß, ist in den falschen Hals gekommen und hat sich in einen ungenießbaren Brocken verwandelt. Wenn etwas ihr Selbstvertrauen untergräbt, dann das.

Sofort steht sie vorm Spiegel und auf der Waage.

Du kannst sooft du willst beteuern, dass sie so schön und schlank wie immer ist, sie glaubt dir nicht mehr.

Du kannst dir kaum vorstellen, was deine Bemerkung ausgelöst hat. Sie gibt ihr Bestes, um für dich immer attraktiv zu sein. Denn sie möchte in deinen Augen lesen, dass sie eine schöne Frau ist. Dies bestärkt ihre Liebe und Leidenschaft für dich.

Du bist da ganz anders. Du glaubst an dich und solange dir die Klamotten einigermaßen passen, machst du dir keinen Kopf.

Aber bei Frauen ist das eben nicht so. Du darfst also auf keinen Fall eine Bemerkung über ihr Gewicht machen, wenn du keine Lust hast, für den Rest eures Lebens jeden Tag aufs Neue zu beteuern, dass sie nicht dick ist.

Also lieber zweimal nachdenken, bevor du eine Bemerkung über ihr Äußeres machst.

Äußere Positives. Aufrichtige Komplimente bestätigen sie in ihrem Glauben, dass ihr füreinander bestimmt seid. Davon kannst du ihr also nie zu viele machen.

„Schatz, was siehst du heute wieder fantastisch aus", und ihr Tag ist gerettet. Und das wiederum wirkt Wunder für deinen Tag.

Wenn eine Frau von der Arbeit nach Hause kommt …

Oftmals ist sie für kurze Zeit ungenießbar, wenn sie von der Arbeit kommt. Nein, das Essen steht noch nicht auf dem Tisch, denn es gibt Fußball im Fernsehen. Was für dich logisch ist, ist ihr ein Dorn im Auge.
Auf dem Weg zur Küche ärgert sie sich dann auch noch über deine dreckigen Socken neben dem Wäschekorb und es gibt Wind von vorne wegen der aufgeschlagenen Zeitung auf dem Esstisch. Kurzum, sie ist einfach müde und hat keinen Schwung.
Der beste Moment, um ihr mal wieder deine Liebe zu beweisen. Nicht, indem du sofort einen Strauß Chrysanthemen besorgst – die viele Frauen übrigens nicht ausstehen können. Sie fragen sich, wo denn eigentlich das romantische, schöne Bouquet aus den Anfängen eurer Beziehung geblieben ist …

Wenn eine Frau ihren Mann wirklich liebt, dann darf er ALLES tun was er will. Zumindest, wenn sie das auch will.

Spanisches Sprichwort

Platziere sie einfach gemütlich auf dem Sofa, drücke ihr die Fernbedienung in die Hand und schmeiß etwas, das schnell geht und schmackhaft ist, in den Topf. Oder ruf beim Chinesen an, um was zu bestellen oder bringen zu lassen.
Dein Liebesbeweis muss nichts Großartiges oder Teures sein. Das Klischee stimmt ganz genau: Es sind die kleinen Dinge, die geschätzt werden. Fange sie in diesem Moment verständnisvoll auf, so zeigst du dich als echter Freund. Und wenn du so richtig bei ihr punkten willst, dann mach dir das zur Gewohnheit.
So tankt sie wieder Energie und hat Lust, was Schönes mit dir zu unternehmen. Letztlich habt ihr beide etwas davon.

Der herrlich ehrliche Eigengeruch

Männer mögen sich vielleicht vom Geruch einer Frau angezogen fühlen, doch glaube ja nicht, dass deine Frau entsprechend auf dich reagieren wird, wenn du in Sachen persönliche Hygiene nachlässt. Während du früher frisch gewaschen, rasiert und in einer Wolke von Aftershave auf den Stufen zu ihrem Haus standest, um mit ihr auszugehen, so fühlst du dich nun sicher genug, den äußeren Anstand fallen zu lassen.

Um es mit anderen Worten zu sagen: Am Wochenende gehst du im selben Zustand ins Bett, in dem du morgens aus ihm herausgekrabbelt bist.

Genau das gefällt ihr nicht. Wenn du dir ein wenig Mühe gibst attraktiv zu sein, dann ist das für sie ein Zeichen, dass sie es dir wert und du bereit bist, dir ihretwegen Mühe zu geben, so wie am Anfang eurer Beziehung.
Zudem reagiert sie viel empfindlicher auf Gerüche als du. Bei eurer ersten Begegnung hat sie sich, vielleicht unbewusst, mehr aufgrund deines Eigengeruchs als deines Äußeren für dich entschieden. Also nicht mit dem Parfum übertreiben. Frisch gewaschen, mit sauberem Haar und geputzten Zähnen – attraktiver könntest du für sie nicht sein.

Missverständnisse vermeiden

Nicht umsonst beschweren sich Männer allgemein, dass Frauen schwer zu verstehen sind. Sie kommunizieren nun mal ganz anders.

Wenn sie dich fragt, ob es nicht allmählich Zeit für eine neue Sofagarnitur ist, wirst du wahrscheinlich antworten, dass du sie noch prima findest. Und genau die Antwort wollte sie nicht hören. Denn tatsächlich erzählt sie dir einfach, dass sie eine neue Couchgarnitur haben möchte. Nur drückt sie es anders aus.

Was dir kompliziert erscheint, ist für sie und ihre Geschlechtsgenossinnen absolut nachvollziehbar. Frauen neigen häufiger dazu, die eigentliche Botschaft aus einer sogenannten sächlichen Mitteilung herauszuhören. So verständigen sie sich nun mal von Natur aus. Darum verstehen sie einander auch viel besser als du sie verstehst. Begreifst du eine Botschaft nicht im entscheidenden Moment, dann kann sie sehr enttäuscht oder frustriert reagieren. Denn sie

Eine Frau grübelt über ihre Zukunft nach, bis sie einen Mann gefunden hat, aber ein Mann fängt an, über seine Zukunft nachzugrübeln, wenn er eine Frau gefunden hat.

fasst dies als Unverständnis, Unwille oder mangelnde Aufmerksamkeit ihrer Person gegenüber auf. Darum wiederholt sie ihre Botschaft immer wieder, was du dann deinerseits wieder als Nörgelei empfindest.

Und es gibt da einen Faktor, der das Ganze noch komplizierter macht: Nämlich, dass sie das Gefühl hat, dass du ihr nicht zuhörst, wenn du sie nicht anschaust, während sie mit dir spricht.

Dabei konzentrierst du dich einfach nur auf eine Lösung des Problems, das sie dir gerade darlegt. Du neigst sogar dazu, sie sofort zu unterbrechen, sobald du die Lösung gefunden zu haben glaubst. So jedoch gelingt es ihr nicht, das zu sagen, was sie eigentlich sagen wollte.

Am liebsten hätte sie es, wenn du einfach von dir aus wüsstest, was sie will, ohne dass sie darum bitten muss. Aber so weit bist du noch nicht und es ist auch fraglich, ob du jemals so weit sein wirst. Und doch ist es nicht schwer, die wichtigsten Ursachen für Missverständnisse zu verhindern. Wenn du ihr gut zuhörst, ihr Aufmerksamkeit schenkst und sie während der Unterhaltung ansiehst, wirst du ihr gefühlsmäßig viel besser folgen können. Ermutige sie auch, direkt um das zu bitten, was sie gerne haben möchte. So trägt auch sie ihren Teil zu eurem Gedankenaustausch bei.

Schuhe machen die Frau

Wie, du brauchst neue Schuhe? Du hast doch schon drei Paar Stiefel?"
Wenn du in ihren Schuhschrank guckst, dann fällt es dir schwer zu verstehen, weshalb etwas Neues gekauft werden muss.
Was hat es nur mit den Frauen und den Schuhen und Stiefeln auf sich? Warum wächst dieser Vorrat immerzu?
Untersuchungen zeigen, dass sich eine Frau in dreißig Prozent aller Fälle ein Paar Schuhe kauft, wenn man ihr 100 Euro gibt, über die sie nach Belieben verfügen kann. Scheinbar tröstet ein Schuhkauf über schwierige Momente hinweg. Einfach ausgedrückt hat sie schlichtweg eine emotionalere Beziehung zu Schuhen als du. Sie spricht durch ihre Schuhe. Und wo wir schon dabei sind ... der Pfennigabsatz spricht schon für sich.

Eine europäische Frau kauft in ihrem Leben durchschnittlich **469 Paar** Schuhe bzw. Stiefel.

Hat sie sich jedoch dazu hinreißen lassen, Pfennigabsätze zu ihrem herausfordernden Outfit als sexy I-Tüpfelchen zu tragen, dann schreien ihre Füße am nächsten Morgen geradezu nach bequemeren Schuhen. Zum Glück hat sie reichlich Auswahl. Für jede Stimmung und zu jedem Outfit das passende Paar. Shopping-Schuhe, Sport-Schuhe, Schuhe zum Ausgehen, Schuhe zum Wandern, Schuhe zum Rock, Schuhe zur Hose und so weiter.
Schuhe, die sie nicht mehr anzieht, werden nicht weggeworfen, das erklärt zum Teil den gewaltigen Schuhvorrat. Du kannst dich glücklich schätzen, wenn für deine Schuhe noch ein Platz im Regal übrig bleibt. Natürlich könnten es schon ein paar weniger sein. Darüber kann man doch sprechen? Aber du solltest trotz allem nicht vergessen, dass sie dich jeden Tag aufs Neue mit einer anderen Seite von sich überraschen und verzaubern kann. Dafür sind ihre Schuhe auch da.

Das Gefühl von Sicherheit

Bereits vor eurer Ehe hast du eine Anzahl Ausbrüche erleben dürfen, wenn sie gerade ihre Tage hat, doch was dir jetzt begegnet, schlägt alles. Eine kleine Teufelin, die dich aus dem Zimmer schnauzt und jähzornig schimpfend mit den Türen knallt. Hat sie sich anfangs noch zurückgehalten, nun fühlt sie sich so vertraut mit dir, dass du die volle Ladung ihres monatlichen Unwohlseins abbekommst – und die ist nicht von schlechten Eltern.

Vertrautheit ist ein sicheres Gefühl. Was du auch anstellst, zu Hause lieben sie dich. Das war schon früher in der Grundschule so. Singend liefst du über den Schulhof und sobald du deine Mutter oder deinen Vater am Tor hast stehen sehen, bekamen sie die volle Ladung der aufgesparten Wut ab.

Unruhe, entstanden durch stundenlanges Stillsitzen, artig sein und eventuelle Frustrationen. So, das bist du gut losgeworden. Und zu Hause gab es trotzdem Tee mit Kuchen für dich. Mama guckte zwar etwas enttäuscht, aber wenn du sie in Ruhe gelassen hast, dann war es auch schnell wieder gut.
Genau dieses Sicherheitsgefühl empfindet sie nun bei dir. Und das ist eigentlich ein Kompliment für eure Beziehung. Sie weiß für einige Tage nicht, wohin mit ihrer deprimierten Stimmung und Wut und kann nicht damit umgehen. Genauso unlogisch zu reagieren hilft niemandem.
Einfach kurz die Zähne zusammenbeißen, ihr übers Haar streichen und ihr zu verstehen geben, dass du begriffen hast, dass sie einfach nichts daran ändern kann. Du wirst sehen, dass es vom einen auf den anderen Moment vorbei und sie sich wieder im Klaren ist, wo die Stimmung herkommt. Und dafür wird sie dich umso mehr schätzen ... Bis wieder ein Monat vergangen ist.
Doch, wer weiß, vielleicht bist du ja einer der Glücksvögel, deren Partnerin das sogenannte prämenstruelle Syndrom nur vom Hörensagen kennt. Ein bisschen schlecht drauf, eine Fressattacke dann und wann, damit hat sich's. Sei dir darüber im Klaren, dass selbst dann deine Unterstützung und dein Verständnis Balsam für ihre Seele sind.

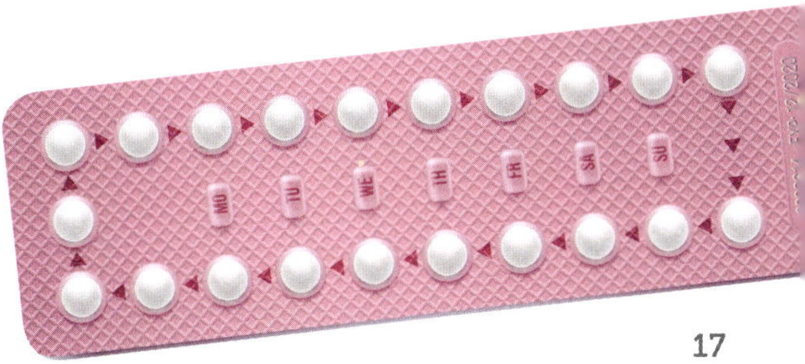

Kleine Dinge mit grosser Wirkung

Das Formen und Ausfüllen eurer Beziehung ist ein fortwährender Prozess. Du kannst dich nie auf deinen Lorbeeren ausruhen und sagen: „So, das wäre geschafft."
Es sind auch nicht die großen Höhepunkte, die die Qualität ausmachen. Tägliche Pflege, das ist das Geheimnis. Wie, das liegt an dir – beziehungsweise an euch. In diesem Buch findest du die entsprechenden Tipps, damit deine Ehe lebendig bleibt.

- Stelle keine zu hohen Forderungen an eure Ehe und hege keine unrealistischen Erwartungen. Ihr seid beide nur Menschen.
- Akzeptiere, dass in eurer Beziehung nicht alles immer nur eitel Sonnenschein sein wird. Ein realistisches Weltbild ist nachhaltiger als eine rosarote Brille.
- Mache dein Glück nicht nur von eurer Beziehung abhängig, pflege auch die Beziehungen zu Familie und Freunden und ziehe deine Zufriedenheit ebenfalls aus Arbeit und Hobbys.
- Sei dir bewusst, dass es Unterschiede zwischen euch gibt und dass ihr euch nicht immer einig sein müsst. Das hält eure Beziehung sogar lebendig.

- Plant gemeinsame Aktivitäten, sobald einer von euch anfängt, zu viel Zeit und Energie in seine Arbeit zu investieren. Wenn ihr genügend Zeit miteinander verbringt und sie mit schönen Dingen füllt, werdet ihr euch nicht fremd werden.

Adam und Eva führten eine ideale Ehe. Er musste sich nichts über all die anderen Männer anhören, die sie auch hätte heiraten können und sie musste sich nicht anhören, wie gut seine Mutter doch kochen konnte.

Noch mehr kleine Dinge mit GROSSER WIRKUNG

- Organisiere regelmäßig ein Essen mit Freunden bei euch zu Hause. Das unterbricht den Alltagstrott und du kannst oftmals wochenlang davon zehren.
- Frühstückt ausgiebig am Wochenende. Hole zum Beispiel frische Brötchen, presse ein paar Apfelsinen aus und serviere den leckersten Kaffee, den du bekommen konntest.
- Geht ab und zu ins Kino. Schaut einen Film, der euch beide anspricht. Oder macht es euch auf dem Sofa gemütlich und guckt einen inspirierenden Film. Abwechselnd aussuchen funktioniert meistens am besten.

Veränderung geschieht Gemeinsam

Es heißt, dass Männer es am liebsten hätten, wenn sich ihre Frauen nicht verändern und dass Frauen hingegen ihren Partner ändern wollen.
Vielleicht hat das bei dir mehr mit ihren äußeren und bei ihr mit deinen innerlichen Werten zu tun.
Sie wird sich verändern und das ist auch gut so. Äußerlich wird ihr Körper reifer werden und sie, vielleicht gerade aus diesem Grunde, noch schöner. Aber auch innerlich wird sie sich verändern und gerade diese Art der Veränderung wird sie glücklich machen.
Eine eigene Identität zu haben und sich zu entfalten, macht Menschen glücklich. Früher war eine Frau in ökonomischer Hinsicht abhängig von ihrem Mann und stellte ihre Bedürfnisse selbstverständlich hinter denen des Mannes und der Kinder zurück. Heutzutage bestimmt eine Frau selbst, wie sie ihre Ehe und ihre Rolle darin definiert und ausfüllt.
Ihre Großmutter bildete sich während ihrer Ehe durch die Mittelschule (zweiter Bildungsweg) für Frauen oder einen Kurs der Frauenvereinigung weiter. Deine Mutter genoss bereits das gleiche Recht auf eine gute Ausbildung wie ihre Brüder, fiel manchmal aber von allein in das alte und vertraute Rollenschema zurück.

Deine Frau steht wirklich mitten in der Gesellschaft. Sie fühlt sich in jeder Hinsicht mit dir gleichberechtigt. Dabei ist es ihr absolut egal – und dir natürlich auch – ob sie vollzeitbeschäftigt bleibt oder sich später dafür entscheidet, die Erziehung eurer Kinder vollständig zu übernehmen.

Ihr wart hierin von Anfang an unterschiedlicher Meinung. Aber die ist nicht fest zementiert und muss sich mit den Jahren auch verändern dürfen. Offen für die Entwicklung des anderen und daran aufrecht interessiert zu sein, vergrößert dein Liebesvermögen.
Verliebtheit ist ein überwältigender Gefühlssturm, aber der legt sich irgendwann unwiderruflich. Liebe dagegen kann weiter wachsen, sich entfalten und durch das Miteinander-Wachsen genährt werden.

Wenn ein frisch vermählter Mann fröhlich ist, dann wissen wir warum. Ist der Mann 10 JAHRE verheiratet und schaut fröhlich drein, dann fragen wir uns, woher das kommt.

Nur nicht Vergessen!

Schon seit Tagen hängt etwas in der Luft, doch was, bleibt dir verborgen. Sie verhält sich auch anders als sonst, aber jede Frage deinerseits, ob etwas los ist, wimmelt sie ab. Das Komische ist jedoch, dass sie dich dabei so nachdrücklich ansieht. Als würde sie etwas von dir erwarten.

Du spürst eine Art Spannung, die von Tag zu Tag zunimmt, du hast aber keine Ahnung, woher das kommt oder wohin das führen soll. Bis du eines Morgens etwas eher als sonst aufstehst, schon genüsslich mit dem Frühstück beginnst und sie sich viel später mit einem bedrückten Gesicht an den Tisch setzt. Und da kommt die Katze aus dem Sack: Ob du nicht weißt, was heute für ein Tag ist? Spontan antwortest du: „Samstag“, doch das scheint das Ganze noch zu verschlimmern. Du hast sie absolut enttäuscht und das Schlimmste für dich ist, dass du nicht weißt, warum …

Muss sie das jetzt auch noch erklären? Zum Glück nicht, denn nun dämmert es dir: Du hast euren ersten Hochzeitstag vergessen! Und jetzt siehst du auch das Geschenk auf dem Tisch liegen: Für dich.

> Eine Ehe ist wie ein Haus: Wenn es nicht instand gehalten und bewohnt wird, verfällt es schnell, so schön es auch gebaut sein mag.
>
> Piet Nijs

Und du hast natürlich nichts für sie ... Hätte sie dich nicht vorher warnen können? Du hättest das getan! Doch das ist dein zweiter Fehler, denn als Mann wird von dir erwartet, dass du selbst daran denkst. Auch wenn Frauen das eigentlich nicht erwarten, hoffen tun sie das Gegenteil.

Nun hast du ohne Zweifel etwas wiedergutzumachen und letztlich wird dir auch vergeben werden. Aber du machst hierbei keine gute Figur. Aufmerksamkeit für sie und eure Ehe, das ist für sie sehr wichtig und du hast dich diesbezüglich ziemlich jämmerlich angestellt.
Jetzt also umgehend das Datum in den Outlookkalender einfügen, im Handy notieren und dafür sorgen, dass der Alarm bereits ein paar Tage vorher losgeht. Du kannst im Leben ruhig einiges dem Zufall überlassen, doch manche Dinge wollen einfach gut geregelt sein. Und wo du gerade dabei bist, kannst du auch gleich ein paar weitere besondere Tage hinzufügen.
„Wie schön, dass du mir Rosen schenkst, wie komme ich zu der Ehre?"
„Heute ist es drei Jahre her, dass wir zum ersten Mal zusammen ins Kino gegangen sind. Weißt du das etwa nicht mehr?"

Die Reihenfolge ändern

Wie beharrlich du auch behauptet haben magst, dass sich durch eure Ehe nichts ändern wird, allmählich werden – freiwillig oder nicht, öffentlich oder nicht – einige ‚Regeln' angepasst. Nimm zum Beispiel das Thema ‚Freunde'.
Während eurer Kennlernzeit hattest du kein Problem, Pläne, Zeit- und Treffpunkte an die bereits mit deinen Freunden abgesprochene Freizeitgestaltung anzupassen. Fiel so beispielsweise der Plan, einen Tag zusammen in die Stadt zu gehen, auf den festen Mountainbiketag mit den Jungs, legtest du einfach dein Veto ein und die Sache war geregelt. ‚Zusammen irgendwo hingehen oder was zu Hause machen', das galt in erster Linie für deine Kumpels und sie hatte sich dementsprechend anzupassen. Sie musste sich ihren Platz in deinem Freundeskreis erobern, so wie du dir deinen in dem ihrigen. Jetzt sieht es etwas anders aus. So wichtig dir deine Freunde auch nach wie vor sein mögen, an erster Stelle steht nun einmal sie – und diesen Platz fordert sie auch ein. Zu Recht, wie jeder findet.

Das bedeutet nicht, dass du definitiv Abschied nehmen musst von deinen Freunden, aber du wirst über die Abende mit den Kumpels schon geschickt und vorausschauend verhandeln müssen. Es ist eine Frage der Loyalität, dass du ihre Pläne, Ideen und Wünsche mit einbeziehst und dies der Außenwelt auch zeigst.
Schlag dir die Idee also gleich aus dem Kopf, dich als Herr des Hauses samt deiner Kumpels von ihr bedienen lassen zu wollen, wenn du die gesamte Bagage zu dir nach Hause eingeladen hast. Du bist genauso der Gastgeber wie sie Gastgeberin ist; und die hierzu gehörenden Aufgaben werden nun mal zusammen erledigt. So sehen deine Freunde auch mal eine andere Seite von dir.

Kleines Geschenk

Sie hat bald Geburtstag. Alle Familienmitglieder, Freunde und Freundinnen fragen dich nach einem Geschenktipp, erzählen aber im selben Atemzug, dass sie ja eigentlich bereits was Schönes wüssten. Du wagst es nicht mehr zu bekennen, dass du noch überhaupt keine Idee hast, von einer schönen Idee mal ganz abgesehen.
Ja, damit solltest du dich intensiv auseinandersetzen, denn das wird eine schwere Aufgabe. Außerdem kommt diese Aufgabe jährlich wieder auf dich zu. Nicht etwa, dass du darin Routine entwickeln könntest. Denn jedes Mal wird an ein Sachverständnis appelliert, das du aber nicht in vollem Umfang besitzt. Schlimmer sogar: Als Einfühlungsvermögen

> Nimm den Durchschnitt davon, wie eine FRAU einen Monat nach Eheschließung und ein Jahr später über ihren MANN denkt, dann hast du ein wahrheitsgetreues Bild.
>
> H. L. Mencken

verteilt wurde, standest du mit deinen Geschlechtsgenossen hinten in der Schlange.
Die Wichtigkeit dessen ist dir in der Zwischenzeit sehr wohl deutlich geworden. Sie will sich von dir geliebt fühlen, spüren, dass du wirklich an ihr interessiert bist und dich in das vertiefst, was ihr im Leben wichtig ist.
Aber dafür will sie auch Beweise sehen. Um dir kurz auf die Sprünge zu helfen: Ein neues Haustelefon gehört nicht dazu. Ebenso wenig wie ein Bandschleifer, auch wenn die Fenster- und Türrahmen es dringend nötig hätten. Das Geschenk muss kein großes sein (darf aber), wohl aber großartig. Hättest du ihr in den letzten Wochen aufmerksam zugehört, wüsstest du bereits, in welche Richtung du suchen musst. Aber nun, gut zuhören gehört eben auch nicht zu deinen besten Eigenschaften.

Und noch mehr kleine Dinge mit grosser Wirkung

- Probiere jede Woche ein neues Rezept aus. Es ist keine Katastrophe, wenn mal eines missglücken sollte. Einfach wegwerfen und irgendwo was essen gehen oder etwas kommen lassen. Habe immer was Schnelles zum Essen (Pizza und dergleichen) im Tiefkühlfach. Das kommt immer wieder genau richtig. Kontrolliere regelmäßig das Haltbarkeitsdatum.

- Verhandle bei einem Konflikt. Suche den Mittelweg und wähle die Win-win-Situation. Wofür entscheidest du dich: Dafür, recht zu behalten oder glücklich zu sein?

- Geht ab und zu essen oder lasst euch was nach Hause liefern. Kochen muss nicht zur Routine verkommen und essen kann etwas Festliches bleiben. Stelle nicht zu häufig auf Autopilot.

- Ausgehen ist nicht nur was für unverheiratete Paare. Im Gegenteil: Vielleicht tut es euch gut, wenn ihr hin und wieder mal ausgeht, zum Beispiel in ein Konzert oder ins Theater.

Wenn du möchtest, dass sie dir wirklich zuhört, dann musst du im Schlaf reden.

- Solltest du dich den ganzen Tag über etwas geärgert haben, das sie versäumt hat, dann konfrontiere sie damit nicht sofort, wenn sie nach Hause kommt. Warte damit ungefähr eine Stunde. Und wer weiß, vielleicht ist es dann auf einmal gar nicht mehr so wichtig, sie darauf anzusprechen.

- Der Trott schleicht sich schnell in eine Beziehung ein und höhlt sie von innen aus. Unternehmt deshalb regelmäßig etwas, was ihr beide schön und entspannend findet. Plant es im Voraus und legt hierfür einen Termin fest. Das ist nicht übertrieben und geht auch nicht auf Kosten der Spontaneität. Im Gegenteil: Oftmals ist dies der einzige Weg, dass ein Vorhaben auch wirklich umgesetzt wird.

- Fahrt in regelmäßigen Abständen übers Wochenende weg. Lasst alles stehen und liegen und übernachtet zum Beispiel in einer Stadt, wo ihr noch nicht wart. So lernt ihr auch ganz neue Seiten von euch kennen.

- Teilt die im Haus zu erledigenden Aufgaben unter euch auf. Bezieht dabei euer jeweiliges Talent, eure Vorlieben und die Zeit mit ein. Achtet darauf, dass die Aufgaben zu beider Zufriedenheit, also angemessen und gerecht, verteilt sind.

Exit Ex

Der Freundeskreis deiner Frau besteht nicht nur aus weiblichen Mitgliedern. Auch ihr Ex ist regelmäßig dabei, mit Freundin oder als Single. Richtig wohl ist dir dabei nicht zumute und so beobachtest du beide ängstlich. Ist da mehr als Freundschaft? Das war es doch mal? Wer sagt, dass die Liebe nicht wieder aufflammt? Du versuchst zwar, darüber hinwegzugehen, doch kannst du den Drang, sie über ihre Beziehung zu ihm auszufragen, kaum unterdrücken. Und gleichzeitig willst du gar nichts darüber wissen.

Ein wenig eifersüchtig, so dann und wann?

Nicht, dass sie Anlass hierzu gibt, sodass du noch nicht mal unverfänglich ein Gespräch darüber anfangen kannst.

Verheiratete Menschen haben eine doppelt so hohe Chance, zufrieden mit ihrem Leben zu sein – und nur eine halb so große Chance, es nicht zu sein – wie Alleinstehende, WG-Bewohner, Geschiedene oder Verwitwete.

Untersuchung von Waite & Galagher, 2000

Ein wenig Eifersucht ist nicht schlimm. Das zeigt lediglich, dass sie dir viel bedeutet. Eifersucht geht einher mit Unsicherheit, du bist dir also vielleicht ein wenig unsicher, was ihr Gefühl zu dir betrifft. Dann denk dran, dass sie sich nicht umsonst für dich entschieden hat. Und insgeheim tut ein bisschen Eifersucht ihrem Selbstvertrauen gut. Ihre Freundschaft zu ihrem Ex-Freund ist ein Zeichen dafür, dass sie die Beziehung auf erwachsene Art beendet hat. Augenscheinlich ist sie eine angenehme Person, die imstande ist, positive Beziehungen zu pflegen. Du hast es gut getroffen.

Es sind **keine Ketten**, die eine Ehe zusammenhalten, sondern Fäden, Hunderte von Fäden, die Menschen über die **Jahre** miteinander verbinden.

Häuschen, Bäumchen und nun auch noch ein Haustier?

Du hast Spätdienst und kommst erst gegen Morgen nach Hause. Du hättest nie damit gerechnet und doch ist es passiert. Da liegt jemand anders auf deinem Platz im Bett. Frech ausgebreitet, schnarchend, stinkend sogar und sich an deiner Frau reibend. Und sie erwartet auch noch, dass du das akzeptierst und wird wütend, wenn du dich stur stellst und deinen Platz einforderst.

So kann es also aussehen, wenn ihr euch einen Hund zulegt. Er appelliert wie selbstverständlich an deinen natürlichen Trieb zu versorgen, zu beschützen und zu streicheln. Klar ist das was Feines und so ein Tier hat einen hohen Streichelfaktor. Außerdem muss er regelmäßig Gassi gehen, sodass es für euch einen guten Grund gibt, nicht den ganzen Abend auf dem Sofa zu hängen, gesund ist es also auch noch. Es ist eine Art Übung, was Pflege und Erziehung angeht, noch dazu ist er ein prima Kumpel.

Vorerst wollt ihr noch keine Kinder, wollt noch ein bisschen die Freiheit zu zweit genießen: Häufige Urlaube, Karriere machen und so wenig Verantwortung wie möglich haben. Unterschätze dabei aber nicht, wie viel Zeit es kostet, einen Welpen stubenrein zu machen. Dass es

schwer für einen Hund ist, den ganzen Tag allein zu Hause zu sein. Dass nur wenig Freunde oder Familienmitglieder darauf warten, während eures Urlaubs den Hund zu versorgen oder, noch schlimmer, ihn so lange bei sich aufzunehmen. Vielleicht ist es bei genauerem Hinsehen doch netter, die Ungebundenheit gemeinsam zu genießen. Und wusstest du schon, dass es doppelt schön ist, einen Welpen mit einem Baby aufwachsen zu lassen, sodass sie unzertrennliche Freunde werden?

Weiter Partys feiern

Herrlich, so eine Hochzeitsfeier. Es kostet zwar einiges, aber dafür bekommst du auch viel: Erinnerungen, Fotos und Videos, die dich regelmäßig und selbst später noch an diesen besonderen Tag zurückdenken lassen. Du brauchst aber in der Zwischenzeit nicht bis zu eurer silbernen oder goldenen Hochzeit zu warten, bis wieder so ein denkwürdiger Tag auftaucht. Denn es gibt beinahe keinen Hochzeitstag, dem nicht eine spezielle Bedeutung zugeordnet ist.

1 Jahr	Baumwollene Hochzeit	30 Jahre	Perlenhochzeit
3 Jahre	Lederne Hochzeit	35 Jahre	Leinwandhochzeit
5 Jahre	Hölzerne Hochzeit	40 Jahre	Rubinhochzeit
6,5 Jahre	Zinnerne Hochzeit	45 Jahre	Messinghochzeit
7 Jahre	Kupferne Hochzeit	50 Jahre	Goldene Hochzeit
8 Jahre	Blecherne Hochzeit	55 Jahre	Juwelenhochzeit
12 Jahre	Nickelhochzeit	60 Jahre	Diamantene Hochzeit
12,5 Jahre	Nickel-/Petersilienhochzeit	65 Jahre	Eiserne Hochzeit
15 Jahre	Kristall-/Gläserne Hochzeit	67,5 Jahre	Steinernde Hochzeit
20 Jahre	Porzellanhochzeit	70 Jahre	Gnadenhochzeit
25 Jahre	Silberhochzeit	75 Jahre	Kronjuwelenhochzeit

Die hier aufgeführten Bezeichnungen der Hochzeitstage sind die gängigsten, können aber regional abweichen.

Der Start in den Tag

Was gibt es Besseres, als zusammen entspannt in den Tag zu starten? Macht sie meistens in der Woche das Frühstück? Dann ist es umso schöner, wenn du das am Wochenende übernimmst. Frische Brötchen, frischen Tee oder Kaffee, frisch gepressten Saft und was Leckeres zum Belegen.
Und lass dir auch mehr Zeit für die Zeitung. Jetzt kannst du, körperlich und geistig, Energie für ein schönes Wochenende tanken. Solltest du noch dein Sportprogramm dazwischen schieben müssen, dann iss was leicht Verdauliches und setze dich danach zu ihr an den Tisch. Oder krieche mit einem vollen Tablett zu ihr ins Bett.
So ein herrliches Frühstück gibt wieder genug Energie für Romantik und Erotik. Und die Krümel im Bett merkst du dann auch nicht mehr.

Der schöne Schein

„Und wie findest du mein Haar?“, fragt sie noch in der Haustür nach einem langen Shoppingtag. „Schön, Liebling, wie immer“, antwortest du automatisch, ohne deinen Blick vom Bildschirm abzuwenden. Diese taktvolle Bemerkung von dir ist der geeignete Start für eine heftige Diskussion. Diskussion? Nun, wohl eher ein Monolog!

Sie fragt dich, warum dir nie ein neues Outfit an ihr auffällt oder wenn sie mit einem völlig neuen Haarschnitt nach Hause kommt? Eine Antwort

Aufmerksam bleiben

Die Hälfte aller Ehen, die stranden, tun dies in den ersten sieben Jahren. Gleichzeitig wartet ein Ehepaar mit Problemen durchschnittlich sechs Jahre, bevor es Hilfe sucht. Nicht jeder Streit bedeutet gleich eine Krise – wo zwei Menschen eine gemeinsame Ebene suchen, ist Reibung unvermeidbar. Aber warte mit dem Suchen nach Hilfe nicht so lange, bis die Entfernung schon zu groß ist.

erwartet sie gar nicht von dir und wenn du eine parat hättest, hättest du eh keine Chance, sie ihr zu geben. Denn die hat sie bereits selbst gefunden: Du schenkst ihr keine Aufmerksamkeit mehr. Und noch dazu, wo ihr gerade erst verheiratet seid!

Oft hattest du auch wirklich zu wenig Zeit, es zu bemerken und oft sind die Metamorphosen viel subtiler als sie glaubt. Aber jetzt mal ehrlich: Eigentlich achtest du auch gar nicht so darauf, oder? Für dich ist eine Frau, die Selbstsicherheit ausstrahlt, attraktiver als eine Frau, die gut gekleidet, aber dennoch unsicher wegen ihres Aussehens ist und wiederholt nach Bestätigung sucht. Aber die meisten Frauen sind nun mal ziemlich unsicher, was ihr Aussehen betrifft, auch sie, obwohl sie für dich die Schönste, Liebste und Beste ist. Also, wozu die Unsicherheit, da sie doch komplett überflüssig ist. Dabei bist du die Person, die ihr die Unsicherheit nehmen kann. Sei einfach ehrlich an ihr interessiert und mach ihr oft Komplimente, so wie am Anfang eurer Beziehung.

Wie du sie GLÜCKLICH machst

Auch deine Frau ist nur ein Mensch. Sie fühlt sich ab und zu unsicher und dann braucht sie Bestätigung – am liebsten von dir. Es tut eurer Beziehung gut, wenn du diesem Wunsch auch nachkommst.

MERKE DIR UNBEDINGT FOLGENDES:

- Das Wichtigste für eine Frau ist, sie wissen zu lassen, dass du sie liebst. Immer wieder.
- Deine Frau möchte sich fortwährend mit dir unterhalten, also sprich mit ihr, höre ihr aufmerksam zu und stelle ihr Fragen. Sei wirklich interessiert. Sie merkt es sofort, wenn die Aufmerksamkeit nur geheuchelt ist.
- Erzähle ihr von deinen Gefühlen und Emotionen. Teile auch deine Sorgen und Probleme mit ihr, damit sie weiß, was dich beschäftigt. Das fördert die Liebe und Leidenschaft zwischen euch.

AUCH WICHTIG:

- Gib ihr das Gefühl, dass sie dir trauen kann und dass du ihr Vertrauter bist. Erfülle diesen Anspruch auch.
- Zeige ihr regelmäßig, dass sie dir etwas bedeutet und sag ihr auch weshalb.

> Männer sind sich ihrer Schwächen stärker bewusst als Frauen, weil sie MEHR DAVON haben.
>
> Albert van Hoeck

Sei aufmerksam!

Hilf ihr in den Mantel, halte ihr die Tür offen. Genau diese kleinen Aufmerksamkeiten weiß sie zu schätzen. Schenke ihr eine Tasse Kaffee ein oder lass ein Vollbad einlaufen, wenn sie erschöpft nach der Arbeit oder dem Einkauf nach Hause kommt. Du wirst sehen, dass das, was du für sie tust, auch dir zugute kommt.

- Versetz dich in ihr Leben, ihre Motive und Wünsche. Lass sie spüren, dass du weißt, was wichtig für sie ist. So bist du eine echte Unterstützung.
- Sei aufrichtig und ehrlich und habe keine Geheimnisse vor ihr.

UND WENN DU NOCH ENERGIE ÜBRIG HAST …

- Geh mit ihr genauso um, wie zu Beginn eurer Beziehung.
- Mach ihr regelmäßig Komplimente.
- Fahre ihr Auto ab und zu in die Waschanlage.
- Hat sie sich mit jemandem gestritten, dann ergreife konsequent Partei für sie.
- Verbringt hin und wieder einen gemeinsamen Abend außer Haus.
- Überrasche sie mit einem romantischen Essen in einem netten Restaurant.
- Nimm ihr auch mal eine Kleinigkeit mehr ab, wenn sie müde ist.
- Lass es sie regelmäßig spüren, dass dir ihr Wohlbefinden wichtig ist.
- Begrüße sie mit einem Kuss, wenn du nach Hause kommst und verabschiede sie mit einem Kuss, wenn du das Haus verlässt.

Fußball und Beziehungen

Solltest du zu deinem Glück eine Frau haben, die Fußball mag, dann bist du wirklich eine Ausnahme. Die meisten Frauen setzen sich hin und wieder um der Gemütlichkeit willen dazu, wenn es ein wichtiges Spiel gibt. Es machen Gerüchte die Runde, dass sie dann mehr auf das Aussehen der jungen Spieler achten als auf den Spielverlauf. Auf jeden Fall wird zunächst der Anschein erweckt, dass Fußballgucken eines der Vergnügen darstellt, die euch zwei verbindet. Meistens fällt die Maske jedoch irgendwann. Den entscheidenden Ausschlag hierfür gibt oft die Abseitsfrage. Nachdem ihr die Spielregel dreimal erklärt wurde, kann sie ziemlich empört aufspringen, wenn deswegen ein Tor nicht gegeben wurde. Ja, wieso, da kann sie doch nichts dafür, dass sie das nicht versteht, wenn die Regeln jedes Mal wieder geändert werden? Und so beschließt sie, Fußball links liegen zu lassen und sich stattdessen

Eine erfolgreiche Ehe hat weniger mit dem Finden des richtigen Partners zu tun, sondern damit zusammenzubleiben.

Barnett R. Brickner

Die Ursache aller Eheprobleme liegt darin, dass Menschen sich selbst mehr lieben als ihren Partner.

mit etwas anderem zu beschäftigen. Übrigens nicht unbedingt zu deinem Bedauern.
Schüttelst du manchmal den Kopf darüber, wie es nur sein kann, dass eine Gruppe Frauen – aus deiner Sicht – endlos plaudern kann, ohne Sinn und Verstand, über Dinge, die der Worte nicht wert sind? Dazu gehört zum Beispiel das Analysieren der eigenen Beziehung zum Partner oder der von anderen.
Dann solltest du dir einmal ins Bewusstsein rufen, dass es für Frauen genauso rätselhaft ist, dass Männer nie über Beziehungen sprechen wollen, aber auf der anderen Seite stundenlang gemeinsam ein Fußballspiel kommentieren und analysieren können.

Ein KURZER ANRUF genügt!

„Sorry, Schatz", kannst du gerade noch, an den Türrahmen gelehnt, sagen. Du bist soeben heil von dem netten Bistro zurückgekommen, wo du mit deinen Kollegen auf ein Freitagnachmittagsbierchen gelandet bist und wo du, weil es so schön war, die Zeit völlig vergessen hast. Klar hat das was, ab und zu nach der Arbeit einen mit den Kollegen trinken zu gehen. Natürlich versteht sie das und doch ist sie verärgert – und wie.

> Die Ehe ist ein Buch, wo das erste Kapitel **Poesie** ist und der Rest **Prosa.**
>
> Beverly Nichols

Warum du nicht kurz angerufen hast? Das habt ihr doch letztes Mal so abgesprochen! Genau wie beim letzten Mal und dem davor.
Sorry, vergessen. Du wolltest ja auch gar nicht so lange bleiben. Dafür hat sie jedoch gar kein Verständnis, denn das Essen ist hin und ihre Laune auch. Gemütlich wird es nicht mehr werden, so streckst du dich heimlich etwas mehr auf dem Sofa aus und schläfst ein. Bis sie dich giftig wachrüttelt und dir vorwirft, dass du so auch noch den restlichen Abend verdirbst. Und das alles nur, weil du vergessen hast anzurufen. Ist das nicht ein wenig übertrieben? Was du als eine Kleinigkeit auffasst, ist für sie ein Mangel an Respekt ihr gegenüber und für das, was sie für dich tut.
Vielleicht betrachtest du es unbewusst als Kontrollgehabe, doch ihr zeigt ein Anruf, dass sie sich keine Sorgen zu machen braucht und sie den Abend nach eigener Vorstellung gestalten kann.
Und so habt ihr dann letztlich beide euren gemütlichen Abend.

Der Poet und die Verteilung der Aufgaben

Sie hat wirklich Ähnlichkeit mit einem Finanzinspektor, so wie sie dich zur Verantwortung ruft. Du hast dich dazu hinreißen lassen, endlich die tolle Spielkonsole zu kaufen, die schon so lange auf deiner Liste stand und noch dazu im Sonderangebot, denn die zehn Extraspiele, die du dazu gekauft hast, hätten normalerweise das Doppelte gekostet. Ein Mann ist nun mal ein Mann und Männer mögen digitale Sachen. Außerdem wird sie damit genauso oft spielen wie du, sonst hättest du sie bestimmt nicht gekauft.
In diesem Monat ist sie für die Verwaltung zuständig und das merkt man auch. Bis auf zwei Stellen hinterm Komma wird alles durchgegangen, denn sie ist ein Pedant, besonders, was deine Ausgaben angeht. In ihren Augen gibst du viel zu viel aus für Audio, DVD und elektronische Spielereien.

Eine Ehe erster Klasse ist wie ein Hotel erster Klasse: Teuer, aber ihr/sein Geld wert.

The Second Neurotic's Notebook, 1966

Als wenn ihre häufig völlig überflüssigen Besuche beim Friseur, Schönheitsspezialisten, dem Nagelstudio, Wellness-Center und all die hochwertigen Modesachen nichts kosten würden!
Wie gut, dass ihr euch darauf geeinigt habt, die Finanzverwaltung abwechselnd zu übernehmen, denn so könnt ihr auch abwechselnd sehen und kontrollieren, in welchem Loch das gemeinsame Haushaltsgeld verschwunden ist. So seid ihr beide über die Situation informiert und tragt gemeinsam die Verantwortung dafür. Was ihr darüber hinaus damit anstellt, ob ihr zum Beispiel eine Wissenschaft daraus macht, hat großen Einfluss auf die Beständigkeit eurer Partnerschaft. Es heißt zwar oft, dass man jemanden erst kennt, wenn man ein Erbe mit ihm geteilt hat, doch das Teilen eures gemeinsamen Einkommens – und insbesondere die Art und Weise, auf die dies geschieht und gehandhabt wird – kann ein erhellendes Licht auf euer beider Charakter und eure kommunikativen Fähigkeiten werfen.

Meine FRAU sagt, dass ich ihr nie zuhöre, zumindest meine ich, dass sie das gesagt hat.

Wieder-Gutmachen

Nach einer heftigen Auseinandersetzung, von der du schon nicht mehr sagen kannst, wo sie eigentlich begonnen hat, hast du genug. Nein, nicht von ihr, sondern von der eisigen Atmosphäre, die in der Luft hängt. Sie meidet dich und versucht auch, jedem Augenkontakt mit dir aus dem Weg zu gehen. Also tust du es ihr gleich, denn du hast ja nicht damit angefangen.

Während sie in der Küche beschäftigt ist, steht „Halt dich bloß fern von mir" auf ihrem Rücken geschrieben. Und genau das lädt dich geradezu dazu ein, doch zu ihr zu gehen und sie fest zu umarmen. Du siehst deine Chance, diese Pattstellung zu durchbrechen. Miteinander schlafen, das wird alles wiedergutmachen.

Doch schnell wird deutlich, dass du damit bei ihr an der falschen Adresse bist, denn das hätte ihr gerade noch gefehlt. Ihre Körpersprache könnte deutlicher nicht sein. Du hast nämlich eine Phase übersehen. Eine Frau möchte zunächst „Freundin" sein, bevor von „Wiedergutmachungssex" die Rede sein kann. Gib ihr also erst wirklich das Gefühl, dass ihr Freunde seid, dann kommt der Rest von allein.

Ob es nun um Geld, die Aufgabenverteilung oder die jeweilige Familie geht ... manchmal lässt sich ein Streit einfach nicht vermeiden.

Streit dreht sich nicht immer um Meinungsverschiedenheiten, sondern oft um gegenseitige Erwartungshaltungen und um die Tatsache, dass diese Erwartungen nicht erfüllt werden.
Versuche ruhig und ehrlich, ohne Schuldzuweisungen, an den Punkt zurückzukehren, wo der Streit begonnen hat. Meistens ist es ein nichtiger Anlass, doch oft steckt eine seit Langem schwelende Verärgerung dahinter.
Gebt euch gegenseitig den Raum, eure Gefühle offen auf den Tisch legen zu können und hört euch gut zu, dann lässt sich für alles eine Lösung finden. Ihr müsst euch nicht in allem einig sein, du solltest sie nur in Würde stehen lassen und ihre Wünsche und Gefühle ernst nehmen. Wenn sie das umgekehrt bei dir genauso macht, kann die Lösung eigentlich nicht mehr weit sein. Einziges Problem: So ein gegenseitiges Wohlwollen ist meistens nicht auf Knopfdruck abrufbar. Mitten in einem hitzigen Streit und auf dem Gefrierpunkt der Gefühle ist es schwer, den Partner als vernunftbegabt und annäherungsorientiert zu erfahren. Darum führe auch kein Versöhnungsgespräch, wenn du im Begriff bist wegzugehen, gerade nach Hause kommst oder im Beisein anderer.
Und wenn ihr beide müde seid und überdreht, ist es besser, ein anstrengendes Gespräch zu verschieben.

Bereue nie die Dinge, die du über deine Frau GEDACHT hast, sie hat viel Schlimmeres über dich gedacht.

Jean Rostand, Le Mariage, 1927

Fahren oder Karte lesen?

Da fahrt ihr also: Mitten in Frankreich und es beginnt bereits zu dämmern. Die Zeit drängt, denn ihr könnt nicht zu spät im Hotel ankommen. Aber vorerst stellt sich die Frage, ob ihr da überhaupt ankommt. Hinweisschilder befinden sich auf Kniehöhe und sind oft hinter hoch gewachsenen Sträuchern und geparkten Camionettes versteckt. Das Navi kommt nicht mehr klar und so wird aus Verzweiflung die Straßenkarte herausgeholt. Du fährst, sie liest die Karte, dies scheint dir eine logische Aufgabenverteilung zu sein. Nach dem soundsovielten Male verkehrten Abbiegens dämmert es dir, dass ihr endlos im Kreis herumfahrt und, nun ja, ihre nervösen Entschuldigungen können deine Müdigkeit und heruntergeschluckte Wut nicht dämpfen: Der erste Urlaubsstreit ist im Gange.
Du fährst das Auto an die Seite und wirfst selbst kurz einen Blick auf die Karte. Zunächst zweifelst du an deinem eigenen Verstand und denkst, dass Urlaub in der Tat nicht gesund ist für den Menschen, wie du in einer Zeitschrift gelesen hast. Du kannst keinen Buchstaben entziffern und erkennst auch sonst nichts auf der Karte.
Bis dir klar wird, dass sie die Karte verkehrt herum hält. Auf deine Frage, warum sie das in Himmels Namen tue, antwortet sie, dass sie der Straße sonst nicht folgen könne. Frauen haben ihre eigenen Talente, aber räumliches Vorstellungsvermögen gehört in der Regel nicht dazu. Vielleicht solltest du

also besser erwägen, sie öfters fahren zu lassen, denn darin ist sie sehr geschickt. Und du kannst doch gut Karten lesen? So wird es schließlich doch eine entspannte Tour.

Geld spielt eine Rolle

Auch wenn du findest, dass Frauen Rot sehr gut steht, wenn sie Rot trägt, ist das was ganz anderes. Denn dann stehst du in den roten Zahlen. Du kannst nicht tanken und sie schmuggelt ihre neue Kombination ins Haus.
„Neu?“ – „J-jein, hab ich schon seit Jahren, aber noch nie getragen.“
Frauen haben öfter Geldgeheimnisse als Männer. Dabei dreht es sich dann meistens um den Anschaffungspreis, den heimlichen Sparstrumpf oder heimliche Ausgaben. Im Durchschnitt streiten Eheleute sich denn auch mehr über Geld – und dann insbesondere über die Ausgaben der Frau – als über den Haushalt.
Die Ursache liegt wahrscheinlich darin begründet, dass Männer und Frauen unterschiedlich mit Geld umgehen. Männer messen Geld mehr Bedeutung bei und legen mehr Wert auf Markenartikel.
Frauen machen sich mehr Sorgen über Geld und neigen häufiger zu Spontaneinkäufen, ohne sich Gedanken darüber zu machen, ob sie etwas nun wirklich brauchen oder nicht.
Umso verwunderlicher ist es, dass die Hälfte aller Verheirateten und Zusammenwohnenden nicht im Voraus über Geldangelegenheiten spricht. Das liegt oftmals daran, dass es den meisten Menschen und

so auch Eheleuten, nicht leicht fällt über Geld zu sprechen. Dies fällt noch schwerer, wenn es sich um Freunde oder Familie handelt.
Eine gute Strategie, Probleme zu verhindern, ist eine gemeinsame Kasse. Diese Wahl treffen die meisten Paare: Beide geben einen Teil ihres Gehalts in die Gemeinschaftskasse. Hierbei sollte der Betrag nicht zu knapp bemessen sein, sondern es sollte für beide etwas Geld zur freien Verfügung übrig bleiben. Keiner von beiden sollte das Gefühl haben, ungerecht behandelt zu werden oder zu kurz zu kommen.

Liebe und Sex

Du willst Sex, sie nicht. Sie hat es nicht schwer, wenn sie Sex mit dir haben will. Sie kann sich in Wort, Gebaren und Kleidung ausdrücken, du empfängst die Signale mühelos und folgst ihnen enthusiastisch.
Andersherum ist es – vor allem, wenn die Flitterwochen ein bisschen länger her sind – etwas komplizierter. So subtil oder überdeutlich deine Hinweise auch sein mögen, sie scheint sie nicht zu verstehen.
Bringe sie in die richtige Stimmung. Oft gelingt dies, indem du lieb und aufmerksam bist und dafür sorgst, dass sie sich entspannen kann. Schaffe eine romantische Atmosphäre mit sanfter Musik, Kerzenlicht und was dir noch so einfällt. Schenke etwas Leckeres zu trinken ein (eventuell Alkoholisches) und verwöhne sie mit einer Entspannungsmassage. Wechsle zwischen Massage und Liebkosungen und schmuse mit ihr. Und lass dann einfach geschehen, was geschehen soll.
Dies ist zwar ein Erfolgsrezept, doch auch das kann schiefgehen. Sobald sie merkt, dass du nicht mehr bei der Sache bist und es dir nur um das eine geht, ist die Magie schnell dahin.
Auf der anderen Seite sind moderne Frauen zunehmend effizienter und zielgerichteter eingestellt. Nach einem stressigen Tag oder mit

Aussicht auf noch zu erledigende Arbeit haben auch sie nichts gegen eine schnelle Nummer ohne viel Aufhebens darum zu machen und ohne Vorspiel. Die Kunst besteht für dich darin, herauszufinden, wonach ihr gerade der Sinn steht und wonach nicht.

ZEIT FÜR ROMANTIK

Wie neu und aufregend auch alles beginnen mag, nach einer gewissen Zeit wird alles einfach normaler und etwas später zum gewöhnlichen Alltag. Nach den Flitterwochen musst du also schon ein wenig Energie aufwenden, damit eure Beziehung spannend und herausfordernd bleibt. Verrückterweise geht das oft am besten, wenn ihr schlichtweg Zeit für Intimitäten einplant. Bei eurem schnellen Lebenswandel und euren vollen Terminkalendern lauft ihr Gefahr, dass als Erstes die Qualitätszeit für euch zu kurz kommt, mit katastrophalen Folgen für euer Liebesleben. Nehmt euch (und plant) die Zeit zur Liebe und zum Schmusen, sobald ihr merkt, dass das spontan nichts wird.

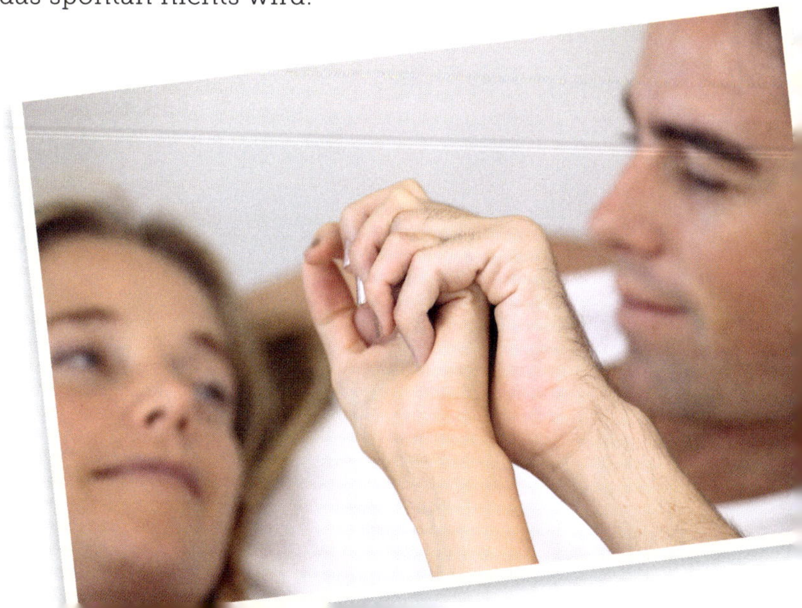

Sex und die Multitasking-Frau

Du fragst dich manchmal, wie sie so von einer Sache zur anderen springen kann. Das ist für dich absolut nicht nachvollziehbar. Doch wenn du sie nach ihren Gedankensprüngen fragst, dann kann sie dir mühelos erzählen, wie sie von dem einen Gesprächsthema zum anderen gekommen ist. Ohne dabei den Faden zu verlieren.

Dies liegt zweifellos in ihrer Gabe zum Multitasking begründet, über die die meisten Frauen verfügen. Sie erledigt verschiedene Aufgaben gleichzeitig, folgt dabei noch einem Gespräch und kriegt nebenbei sogar die Schlagzeilen in den Nachrichten mit.

In der Zwischenzeit beschäftigt sie sich mit der Planung von Terminen für den nächsten Tag. Ziemlich praktisch, doch auch ermüdend, nicht nur für dich.
Was sie augenscheinlich so leicht miteinander zu verbinden weiß, frisst natürlich enorm viel Energie. Wundere dich also nicht, es kann schon mal passieren, dass sie ohne es zu wollen die Einkaufsliste durchgeht, während ihr miteinander schlaft. Multitasking lässt sich nämlich schwer wieder abstellen.
Das Idealste, dies zu verhindern, ist abends alle anstrengenden Tätigkeiten rechtzeitig sein zu lassen. Wenn du ihr dann auch noch ein Gläschen Wein oder ein Likörchen einschenkst und entspannende Musik anmachst, könnt ihr den Tag gemeinsam ausklingen lassen und die Nacht darf kommen.

Die Familie deiner Frau

Warst du eben noch der unrasierte, verpickelte Pubertierende, der mit seinen schmutzigen Flossen ihr Engelchen begrapschte, jetzt bist du derjenige, der für ihre Tochter sorgt – derjenige also, der ihren Eltern das Sorgen abnimmt. Eigentlich müsstest du bei ihnen einen Stein im Brett haben. Das bedingt natürlich auch, dass du mit ihnen viel besser auskommst als früher.

Männer neigen weniger als Frauen dazu, sich ihrem Partner gegenüber kritisch über die angeheiratete Familie auszulassen. Tue dein Bestes, damit es so bleibt, denn es ist nun mal ihre Familie und dieses Band ist unzertrennlich. Wenn sie das Gefühl hat, zwischen dir und ihren Eltern zu stehen, hat das einen negativen Einfluss auf eure Beziehung.

Sie muss dafür Sorge tragen, dass du einen Platz innerhalb ihrer Familie bekommst und deine Pflicht ist es respektvoll mit ihnen umzugehen. Ist deine Frau eher unselbstständig, ist es für sie schwieriger, im Falle eines Konflikts mit ihren Eltern einen Weg zu finden, wie sie damit umgehen kann. Du hilfst ihr hierbei am besten, indem du ihr zuhörst und nicht in die Kritik über ihre Eltern einstimmst.

Solltest du dennoch nicht von ihren Eltern akzeptiert werden, findet einen gemeinsamen Weg aus der Sache.

In den meisten Fällen lernt man sich mit der Zeit besser kennen und schätzen. Deine Frau zu zwingen, sich für eine Seite zu entscheiden, ist keine gute Option. Längst nicht alle Schwiegereltern sind schwierig im Umgang. Aller Witze und negativen Geschichten zum Trotz gibt es nette Schwiegereltern zuhauf, die ein gutes oder sogar großartiges Verhältnis zu ihren Schwiegersöhnen haben.
Sei dir bewusst, dass die Qualität einer Beziehung genauso von dir bestimmt wird, wie von der anderen Seite. Sei nett und gewillt zu verzeihen. Versuche, ihre Familie für dich zu gewinnen. Sei aufmerksam. Nimm etwas Nettes mit, wenn du sie besuchst. Pass dich ihren Gewohnheiten an. Sei gastfreundlich. Sorge dafür, dass sie sich in eurem Haus willkommen fühlen, wenn sie zu Besuch kommen.
Wenn du dich so verhältst, wer sollte da noch Probleme mit dir haben können?

Strategische Auswahl der FEIERTAGE

Wir haben nicht unsere Tochter verloren, sondern einen Sohn dazu bekommen.“ Sollten deine Schwiegereltern nach eurer Hochzeit so über dich sprechen, dann hast du deine Sache gut gemacht. Das will aber nicht heißen, dass du nun nicht mehr weiter darüber nachzudenken oder nichts mehr tun brauchst, damit das Verhältnis gut bleibt. So wie jede Beziehung, fordert auch die zu deinen Schwiegereltern Aufmerksamkeit und strategisches Geschick.
Einer der größten Stolpersteine sind oft die traditionellen Festtage. Zu wem gehen wir und wen empfangen wir wann? Obwohl ihr das absolut nicht beabsichtigt habt, wird euch von Eltern und Schwiegereltern schon bald unterstellt, dass eine gewisse Hierarchie hinter der Wahl steht, wer am ersten und wer am zweiten Weihnachtstag besucht wird. Und bei Ostern ist es natürlich genau das Gleiche.

Sobald Enkelkinder ins Spiel kommen, ist eure Wahl eingeschränkt. Dann ist es beinahe vorprogrammiert, dass ihr die traditionellen Festtage bei oder mit der Familie verbringt. Wirst du dich aus diesem Anlass nicht dabei ertappen, wehmütig an die Zeit zurückzudenken, in der ihr zwei früher (also jetzt) über die Feiertage ein Häuschen gemietet oder einen Urlaub gebucht habt, um ein paar herrliche Tage ungestört zu zweit zu verbringen? Was hält euch jetzt davon ab, wenn ihr euch damit besser fühlt?

Die Lösung liegt, wie bei den meisten Herausforderungen auf zwischenmenschlichem Gebiet darin, die Kommunikation offen und transparent zu gestalten. Macht daraus, um damit anzufangen, keinen Machtstreit innerhalb eurer eigenen Beziehung, sondern denkt in aller Vernunft nach. Bedenke, dass auf dieses Jahr wieder ein Jahr folgt, mit den gleichen Festtagen. In diesem Jahr am ersten Weihnachtstag zur Familie deiner Frau gehen? Prima und im Jahr darauf zu deiner.
Besprecht eure Entscheidungen zur Festtagsgestaltung rechtzeitig mit den Familien – und die größte Hürde ist genommen.

Was genau meinst du?

Du sagst nicht immer, was du meinst. Und sie auch nicht.

Kommt dir diese Situation bekannt vor? Sie sagt: „Wir müssen den Dachboden unbedingt aufräumen. Sollen wir das nächstes Wochenende tun?" Oder sie sagt: „Ich möchte mal wieder ein Wochenende weg. Wie stehst du dazu?"

Sie glaubt einen Vorschlag gemacht zu haben, aber siehst du das auch so?

Nein. In deinen Ohren klingt das wie ein Befehl. Du fühlst dich manipuliert und bockst: „Nein, dieses Wochenende bin ich mit den Jungs zum Angeln verabredet."

Es geht auch anders. Erkläre ihr, dass du gerne wissen möchtest, woran du bist. Wenn sie etwas Bestimmtes möchte, braucht sie nicht darum herumzureden. Sie sollte die Sache lieber direkt ansprechen. Wenn sie sagt: „Ich finde, dass wir mal wieder ein Wochenende weg sollten." Oder: „Dieses Wochenende sollten wir den Dachboden in Angriff nehmen", dann kommuniziert sie deutlich und direkt. So, wie du es magst und verstehst.

„Ja", wirst du antworten, „das geht in Ordnung."

Ich bin eine ausgezeichnete Haushälterin: Jedes Mal, wenn ich einen MANN verlasse, halte ich das HAUS.

Zsa Zsa Gabor

> Jede Ehe ist glücklich. Es ist das darauffolgende ZUSAMMENLEBEN, das die Probleme verursacht.
>
> James H. Boren

Tipps für das GEGENSEITIGE VERSTEHEN

- Schau sie an, wenn du mit ihr sprichst.
- Falle ihr nicht ins Wort.
- Höre ihr aufmerksam zu, ohne zu urteilen.
- Nehmt euch regelmäßig Zeit, um miteinander zu reden.
- Gehe bei einer Meinungsverschiedenheit nicht gleich auf Konfrontation, indem du ihr Vorwürfe machst oder sie beschuldigst.
- Nimm ihre Wünsche und Anmerkungen ernst und reagiere darauf.
- Weise sie nicht ab.
- Gib ritterlich zu, wenn du Unrecht hast.
- Akzeptiere ihre Fehler.

Weitere Tipps für das GEGENSEITIGE VERSTEHEN

- Poche nicht immer auf dein Recht.
- Kommentiere nicht alles, was sie tut.
- Rede über deine Gefühle und Emotionen.
- Teile deine Probleme und Sorgen mit ihr, damit sie weiß, wie es in dir aussieht und was dich beschäftigt.
- Sei aufrichtig an ihr interessiert.
- Sag nach einem Streit auch mal als Erster: „Es tut mir leid."

„Wenn eine Frau UNRECHT hat, tust du gut daran, dich sofort bei ihr zu entschuldigen."
F. de Croisset

- Sei nicht verärgert, wenn sie in deinen Augen etwas verkehrt macht.
- Stelle keine Forderungen, sondern bitte freundlich um das, was du möchtest.
- Halte ihr keine Standpauke oder Moralpredigt.
- Sieh ihr ihre Fehler nach. Dadurch zeigst du ihr, dass du sie auch liebst, wenn sie deiner Meinung nach etwas nicht richtig macht.

Was du möchtest …

Mann und Frau sind gleichwertig, aber nicht gleich. Ohne nun sofort zu behaupten, der eine käme vom Mars und die andere von der Venus, können wir zuverlässig feststellen, dass nicht nur körperliche Unterschiede genetisch bedingt sind. Auch die Abläufe im Gehirn scheinen bei Männern und Frauen verschieden zu sein, sodass Gesten einfach anders ankommen.

Er …

… hofft, dass sie sich noch ändern wird.

… will Probleme lösen.

… zieht sich zurück und möchte in Ruhe gelassen werden, wenn er sich nicht gut fühlt.

… glaubt, dass sie ihn schon ansprechen wird, wenn sie etwas auf dem Herzen hat.

… möchte, dass man ihn akzeptiert und würdigt und dass ihm vertraut wird.

… findet überdeutliche Liebesbezeugungen wichtig.

Was für dich selbstverständlich ist, da steht ihr der Verstand still. Was für sie die normalste Sache der Welt ist, darauf kannst du dir keinen Reim machen (Schokolade ist übrigens mehr ihr als dein Ding). Auf diesen Seiten sind einige der wichtigsten Unterschiede zwischen deinem Denken und dem deiner Partnerin aufgelistet. Alles zu wissen heißt, alles zu verstehen und letztlich bedeutet alles zu verstehen auch alles vergeben zu können. Und das ist das beste Rezept für eine gesunde Beziehung.

Sie ...

... hofft, dass er sich noch ändern wird.

... möchte über ihre Probleme sprechen.

... möchte, dass er merkt, wenn sie sich nicht gut fühlt und darüber sprechen möchte.

... erwartet, dass er ihr von sich aus zeigt, dass er sie liebt.

... möchte vor allem verstanden und respektiert werden.

... mag kleine Liebesbeweise.

Er …

… weiß nicht, worüber Frauen reden wollen und verspürt auch selbst keinen großen Redebedarf.

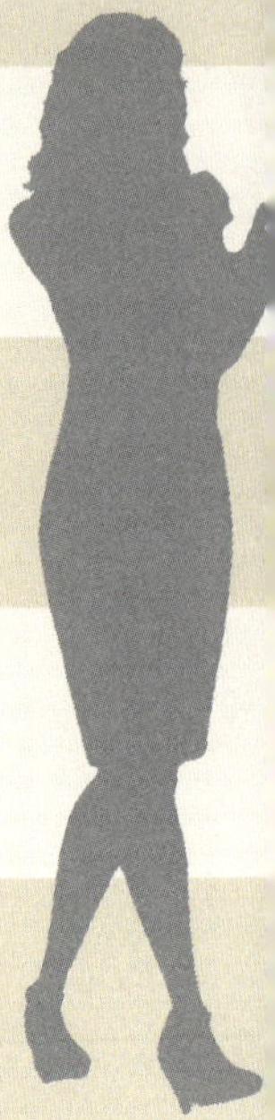

… redet über Politik, Sport und dergleichen, aber nicht über persönliche Belange.

… liebt es zu diskutieren und zu debattieren. Er verweist früher auf die andere Seite der Medaille und die Schattenseiten der Beziehung.

… ist vor allem interessiert an Macht, Prestige, Erfolg und Technologie.

… hat von Natur aus ein wechselndes Bedürfnis nach Intimität mit seiner Partnerin, da er auch ein großes Bedürfnis nach Freiheit und Unabhängigkeit hat.

… gibt Unterstützung, wenn er darum gebeten wird.

… kommuniziert auf direkte Art. Er richtet sich auch mehr auf die Bedeutsamkeit der Information und beharrt mehr auf Tatsachen und Meinungen.

Sie ...

... erwartet, dass ihr Mann ihr bester Freund ist.

... spricht über ihr persönliches Leben und ihre Beziehungen.

... sucht Unterstützung und Zustimmung. Gutes Einvernehmen ist ihr wichtig.

... legt besonderen Wert auf Liebe, Beziehungen und Kommunikation.

... zieht sich zurück, wenn ihr Mann sie verletzt oder enttäuscht. Deshalb fasst sie eine distanzierte Haltung ihres Partners oft verkehrt auf.

... spürt die Bedürfnisse eines anderen und bietet von sich aus Hilfe an.

... äußert sich indirekt, da ihr Verhalten auf die Bedürfnisse des anderen ausgerichtet ist. Das Gefühl der Verbundenheit ist ihr das Wichtigste.

Gewöhnung ist alles

Es ist eher selten, dass zwei Menschen heiraten und sofort als flexibles und geschmeidiges Paar durchs Leben gehen. Im Allgemeinen gibt es eine Inkubationszeit, innerhalb der man sich aneinander und an die Gewohnheiten und Eigenarten des anderen gewöhnt. Das kann eine Frage von Monaten, Jahren oder nur Wochen sein. Oder es hält für die gesamte Zeit der Ehe an. Auch daran musst du dich wahrscheinlich erst einmal gewöhnen. Auf diesen Seiten folgen ein paar ganz typische Probleme. Wie wir bereits festgestellt haben, werden viele der Herausforderungen durch Kommunikationsprobleme verursacht. Und leider bist du meistens die Ursache. Denn als Mann gehört Kommunikation nun einmal nicht zu deinen stärksten Seiten.

- Übe dich darin, ihr wirklich zuzuhören. Schau deine Frau an, wenn sie mit dir spricht. Falle ihr nicht immer ins Wort. Und versuche nicht immer, für alles eine Lösung zu finden. Ihr geht es mehr um dein Gehör als um die Lösung.
- Nimm dir regelmäßig Zeit, um mit deiner Frau zu sprechen. Ein wirkliches Gespräch. Kein Austausch über dieses und jenes, kein bloßes Geplänkel. Sprich über Dinge, die dich und sie beschäftigen.

Ohne meine FRAU wäre die Elle nicht auszuhalten.

- Mach dir die Mühe und rufe sie kurz an, wenn du unerwartet später nach Hause kommen solltest.
- Teile die Macht über die Fernbedienung. Halte sie nicht den ganzen Abend in der Hand, wenn ihr zusammen fern seht und zappe nicht ohne Ankündigung von einem Programm zum nächsten.
- Schenke anderen Frauen in der Öffentlichkeit wenig Aufmerksamkeit. Auf keinen Fall solltest du mit anderen Frauen flirten.
- Bringe ihr regelmäßig schöne Blumen mit.
- Vergiss nie ihren Geburtstag und euren Hochzeitstag! Oder vergiss ihn einmal. Denn das ist gut zu wissen: Die effektivste Art, dir ihren Geburtstag zu merken ist, ihn einmal zu vergessen.
- Wenn mal was falsch läuft, gib ihr nicht die Schuld.
- Lauf nicht davon, um einer Konfrontation aus dem Weg zu gehen.
- Geh bei einer Meinungsverschiedenheit nicht sofort zum Angriff über, indem du ihr Vorwürfe machst oder sie beschuldigst.
- Respektiere und berücksichtige ihre Gefühle.
- Übe dich darin, nicht immer Recht bekommen zu wollen.
- Wasche dich häufig und sorgfältig, denn sie findet dich attraktiv, wenn du gut riechst. Wenn du dir diesen Rat nicht zu Herzen nimmst, kannst du dir das mit der Attraktivität aus dem Kopf schlagen.

So kenn ich dich nicht
So kenn ich dich

Es ist eine Kunst, flexibel mit den weiblichen Eigenarten umzugehen, die sich erst dann völlig offenbaren, sobald ihr gemeinsam unter einem Dach wohnt. Auch vorher war dir bereits bewusst, dass ihr unterschiedlich seid, doch das war eigentlich nie wirklich Thema. Jetzt, wo ihr verheiratet seid, scheint alles schlimmer zu sein als erwartet. Tröste dich: Es liegt weder an ihr noch an dir. Es liegt an der Natur, am Wesen des Tiers in uns. Auf dieser und den folgenden Seiten listen wir eine Anzahl häufiger Missverständnisse und heikler Punkte bezüglich des Umgangs mit dem weiblichen Geschlecht auf.

MÖCHTEST DU DARÜBER SPRECHEN?

Frauen möchten über alles reden. Besonders über Gefühle und Beziehungen. Und so glaubt sie, dass du das auch gerne tust. Oder dass es Dir auf jeden Fall gut tut. Somit drängt sie dich, wenn du Probleme hast, darüber zu reden, damit sie dir helfen kann. Und das ist das Letzte, was du willst. Es ist gut zu wissen, dass sie da ist, aber dir ist es lieber, wenn sie dich erst einmal in Ruhe lässt. Das darfst du ihr auch ruhig sagen.
Locker bleiben, du solltest doch inzwischen wissen, dass sie reden will, auch wenn du dazu keine Lust hast (wie meistens).

Frauen kann man nicht verstehen

Das kommt daher, dass sie nicht deutlich sagen, was sie wollen.
Sie: „Möchtest du nicht einen neuen Teppich haben? Diesen haben wir schon so lange."
Er: „Von mir aus nicht. Ich finde, er ist in Ordnung."
Daraufhin ist sie schwer enttäuscht. Was letztlich klar wird: Sie wollte dir eigentlich sagen, dass sie vorhat, einen neuen Teppich zu kaufen. Du dachtest, dass du ihr eine normale und direkte Antwort auf ihre Frage gegeben hast. Doch in dieser Situation ist Ärger förmlich vorprogrammiert.
Es besteht die große Chance, dass sie gleich weint. Ist sie so traurig? Nein, sie ist sauer. Denn Frauen haben Schwierigkeiten, ihren Ärger zu zeigen und brechen dann in Tränen aus. Du verstehst die Welt nicht mehr. „Hab ich sie verletzt?", fragst du dich. „Nur, wodurch?"

Sie möchte bei einem Problem erst alle Möglichkeiten (und Unmöglichkeiten) besprechen, bevor sie einen Beschluss fasst. Für dich ist das reine Zeitverschwendung. In der Zeit, in der sie darüber spricht, hast du schon längst eine Lösung gefunden. Doch das „darüber sprechen" reicht viel weiter. Deine Frau glaubt, dass eure Ehe nicht in Gefahr ist, solange darüber gesprochen werden kann. Mit dir. Also besser das Spiel mitspielen, sonst denkt sie noch, dass da was im Busch ist.
Und woran du dich auch besser gewöhnen solltest, ist ihre Art, ungefragt Ratschläge zu erteilen, ob sie nun passen oder nicht. Sei beruhigt, sie macht das nicht, um dir zu suggerieren, dass du das nicht selber

kannst oder weißt. Also kein Grund, beleidigt zu sein. Auch nicht, wenn sie daraufhin deine Vorgehensweise kommentiert. Frauen kommentieren nämlich immer alles.

FRAUEN NÖRGELN

Du findest, dass sie nörgelt. Sie wiederholt immer wieder die gleichen Dinge. Inzwischen hast du es begriffen. Warum nur hört sie nicht auf damit? Ganz einfach. Weil sie das Gefühl hat, dass du ihr nicht zuhörst.
Das kommt wahrscheinlich daher, dass du sie nicht anschaust, wenn sie mit dir spricht, ihr nicht zeigst, dass du ihr zuhörst oder sie unterbrichst, sodass sie nicht zu Ende bringen kann, was sie sagen wollte. Darum wiederholt sie, was sie zu sagen hat und du fasst das dann als Nörgeln auf.

INSTABILITÄT

Emotional ist sie nicht gerade stabil. Ihre Stimmung ändert sich ständig und damit auch ihr Selbstwertgefühl. Ist sie in guter Laune, dann fühlt sie sich auch gut. Doch ihre Stimmung kann ohne ersichtlichen Grund plötzlich umschlagen und dann fühlt sie sich merkbar nicht mehr gut in ihrer Haut. Ist ihre Stimmung auf dem Tiefpunkt angelangt, kommt sie aus ebenso unerfindlichen Gründen aus diesem Stimmungstief wieder heraus. Und dann beginnt das Ganze von vorn. Du hilfst ihr, indem du ihr zuhörst und dich ihr widmest. Auch wenn du nicht verstehst, wo all diese Gefühle herkommen – du brauchst keine Lösung für sie zu finden. Dass du für sie da bist, reicht vollkommen. Das ist übrigens schon schwer genug.

Stolpersteine und Eigenarten

- Sie versucht, dich zu ändern. Überzeuge sie davon, dass es besser ist dich so zu akzeptieren, wie du bist. Was nicht heißen soll, dass du vollkommen und nicht zugänglich für Veränderungen bist.
- Sie geht davon aus, dass du hellsehen kannst und von alleine merkst und spürst, was sie möchte. Sage ihr, dass sie dich einfach um das bitten kann, was sie von dir möchte.
- Sie braucht Bestätigung für das, was sie fühlt. Du musst nicht einer Meinung mit ihr sein, doch solltest du ihren Standpunkt respektieren.
- Sie hätte dich gern fürsorglich und aufmerksam. Das gibt ihr das Gefühl, besonders zu sein und geliebt zu werden. Das ist sehr wichtig für sie.
- Für sie ist es wichtig, dass sie respektiert wird. Es gibt vielerlei Möglichkeiten, ihr dieses Gefühl zu geben. Um den Anfang zu machen, vergiss wichtige Tage, wie euren Hochzeitstag und ihren Geburtstag, nicht. Es hilft auch, wenn du ab und an einen Strauß Blumen oder eine kleine Aufmerksamkeit mitbringst.
- Sie möchte die wichtigste Person in deinem Leben sein. Dafür will sie auch handfeste Beweise sehen.

Äußerlichkeiten

Sie glaubt, dass dir ihr Äußeres wichtig ist. Da ist sicher etwas dran, doch das ist nichts im Vergleich dazu, wie viel Zeit sie auf ihr Äußeres verwendet.
Oft hängt ihre Stimmung davon ab, wie sie ihr Äußeres findet. Übrigens ist sie sich selbst der schärfste Kritiker. Sie ist nicht so schnell mit ihrem Look zufrieden.
Wenn du ihr deutlich zu machen versuchst, dass du es viel anziehender findest, wenn eine Frau selbstsicher ist, als wenn sie Größe 36 hat und dennoch unsicher ist, dann wird sie dich beschuldigen, dass du gesagt hast, sie sei dick. Ja, darüber solltest du noch mal nachdenken.
Eigentlich erwartet sie, dass du ihrem Äußeren genauso viel Aufmerksamkeit schenkst wie sie. Darum hast du ein Problem, wenn dir nicht sofort auffällt, dass ihr Haar anders liegt oder sie ein neues Kleid trägt. Und mit „sofort" meint sie auch sofort.
Was das neue Kleid angeht: So bemerkenswert ist es nicht, dass du es nicht gesehen hast, denn ihr Schrank ist voll von diesen Kleidern, die du kaum auseinander halten kannst. Schon verrückt, dass sie bei dem Überfluss nie etwas zum Anziehen findet.

Du %@%#@Bitch!

Wenn zwei Menschen ihr Leben miteinander teilen, kann das viele glückliche, romantische Stunden bedeuten, aber auch heftige Streits, zugeschlagene Türen und wütende Eheleute. Streit gehört dazu, dem entkommst du nicht. Es gibt jedoch einige Spielregeln, die es zu befolgen gilt. Dann bleiben eure Auseinandersetzungen konstruktiv und tragen zur Beständigkeit eurer Beziehung bei.

STREITREGELN:

- Streitet euch nur, wenn niemand anders dabei ist.
- Beschränke dich auf das Thema der Auseinandersetzung und ziehe nicht auch noch alles andere, was dir quer sitzt, mit hinein.
- Mache keinen Charaktermord aus der Sache. Also: „Ich finde es nicht gut, dass du deine Socken nicht wegräumst" und nicht: „Du bist ein Schmutzfink."

Liebe: Eine vorübergehende Form der Geistesgestörtheit, die durch Heirat geheilt wird.

Ambrose Bierce

- Gib deiner Partnerin die Chance, dass sie würdig aus der Sache herausgehen kann.
- Ziel der Auseinandersetzung ist nicht, dass einer zum Schluss der Gewinner ist, sondern dass ihr einander besser versteht.
- Suche immer die Balance zwischen Geben und Nehmen, mache Kompromisse und komm ihr entgegen.

SO FUNKTIONIERT ES NICHT:

- Sofort zum Angriff übergehen.
- Ekel zeigen.
- Beschimpfen, Sarkasmus, Beleidigungen.
- Das Thema aus den Augen verlieren und persönliche Angriffe starten.

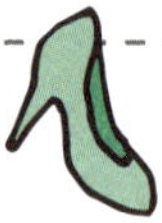

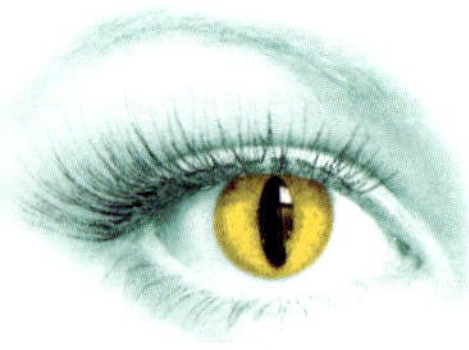

Das grünäugige Monster

Eifersucht ist die Quelle vieler Konflikte – und ein vielköpfiges Monster. Diese Grundemotion äußert sich auf sehr vielfältige Weise und führt zu einer breiten Skala an Verhaltensweisen und Strategien.
Es ist ein noch eher harmloses Zeichen von Eifersucht, wenn du sie bei öffentlichen Gelegenheiten ständig berührst, um zu zeigen, dass ihr zusammengehört. Andererseits gehört das Flirten mit anderen genau zu den Verhaltensweisen, die Eifersucht auslösen und dir das Gefühl geben können, unwichtig zu sein.
Wenn du schlecht über mögliche Rivalen sprichst, ist das ein untrügliches Zeichen für Eifersucht und zeigt, dass du dich schwach fühlst, zeigt also nicht gerade eine starke Seite von dir.
Unangenehmer wird es, wenn du sie kontrollierst, indem du heimlich ihre Post öffnest, ihre Kleidung durchsuchst, E-Mails und Telefonate checkst oder selbst in einem unerwarteten Moment anrufst.
Pass auf, dass du nicht in extremen Besitzanspruch verfällst und versuchst, sie vollkommen in Beschlag zu nehmen und von sämtlicher eventueller Konkurrenz abzuschirmen.
Alle diese Verhaltensweisen zeugen von wenig Vertrauen, was somit nicht gerade zur Qualitätsverbesserung eurer Beziehung beiträgt. Meistens führt

solch ein Verhalten nämlich genau zu dem, was du zu verhindern versuchst. Die beste Medizin gegen übermäßige Eifersucht ist, der Partnerin zu zeigen, wie viel sie dir bedeutet.

Natürlich hat Eifersucht auch ihre guten Seiten. Genau betrachtet ist sie ein Zeichen für Liebe, wenn auch kein so schönes. Sie ist ein Urinstinkt, der Rivalen eliminieren und den Fortbestand der Beziehung sichern soll. Nimmt Eifersucht jedoch einen zu großen Raum ein, dann stellt sie eine Bedrohung für die Beziehung dar. Andererseits kann das Fehlen von Eifersucht zu Zweifeln an den Gefühlen des Partners führen.

Zeit für DICH

(Genieße sie in Maßen!)

So sehr ihr euch auch liebt, für eure Beziehung ist es besser, wenn ihr nicht alles zusammen macht, sondern wenn ihr auch euer eigenes Leben weiterlebt. Aber das hast du dir natürlich bereits selbst gedacht. Dass du dein Leben nun mit dem ihren teilen möchtest, heißt nicht, dass du nicht dein eigenes behalten darfst. Es ist gut, wenn ihr vieles teilen könnt, doch ihr dürft einander auch nicht ersticken.

Gib ihr den Raum, sich zu verwirklichen, aber fordere diesen Raum auch für dich ein.

Ihr habt beide eigene Interessen und diesen muss auch durch Zeit Form gegeben werden. Zeit also, die du ohne deine Partnerin verbringst. So bleibst du spannend und anziehend für deine Partnerin. Und es hält deine Beziehung frisch, wenn du deine eigene Persönlichkeit in eure Beziehung einbringst.

Ein Hobby, dem du zu Hause nachgehen kannst, ist prima, aber mache auch mal was, wofür du aus dem

Die Ehe ist eine prächtige EINRICHTUNG. Aber ich bin noch nicht reif genug für eine Einrichtung.

Mae West

Ein kaputtes Bein, eine aufgescheuerte Hose und eine brave Frau lässt man am besten zu Hause.

Altholländische Redeweise

Haus gehen musst und andere Menschen triffst. Ob es jetzt um einen Kurs geht oder einen Besuch bei Freunden oder Familie, Mitgliedschaft in einem Verein, eine ehrenamtliche Tätigkeit, einen Ausflug mit einem Freund oder einer Freundin.

Es geht darum, dass du dich weiterentwickelst und neue Erfahrungen sammelst. Und vergiss auch die alten Erfahrungen nicht. Einen Abend mit den Kumpels weggehen, was spricht dagegen? Natürlich bist du nicht mehr Junggeselle und verhältst dich entsprechend. Das heißt nicht, dass es nicht ein toller Abend werden kann.

Aufgaben und Pflichten

Früher war der Mann Geldverdiener, Haupt und Beschützer der Familie. Sein Wille war Gesetz. Die Frau machte den Haushalt und kümmerte sich um die Kinder und die sozialen Kontakte.
Heutzutage ist es normal, dass Frauen einer Tätigkeit außer Haus nachgehen und finden, dass ihr Mann auch einen Teil des Haushaltes und der Kinderbetreuung übernehmen muss. Männer sind deshalb keine Weichlinge und es bereichert ihr Leben, wenn sie Betreuungsaufgaben übernehmen und sich mehr um die Kinder kümmern. Wer macht was und wann? Das sind Fragen, die ihr nicht früh genug in eurer Beziehung stellen und beantworten könnt.
Die Aufteilung von Haushaltsaufgaben und ähnlichen Dingen verläuft nicht immer zur beiderseitigen Zufriedenheit. Es ist ein Lernprozess, der nicht ohne Reibungen und Zusammenstöße vonstatten geht. Somit wird die Aufgabenverteilung schnell zu einer Quelle des Unfriedens und kann den glücklichen Fortgang einer Beziehung beeinträchtigen. Zum Glück gibt es Lösungen und Ideen, um dieses zu verhindern.

Mann und Frau können einander gar nicht besser kennenlernen, als gemeinsam in einem kleinen Zelt im Regen zu campen.
Wim Kann

Tipps

- Wenn ihr zu wenig Zeit oder Energie für bestimmte Aufgaben und Pflichten habt, könntet ihr erwägen, hierfür jemanden einzustellen.

- Macht eine Liste mit allen zu erledigenden Dingen. Kreuzt beide die Dinge an, die ihr gut könnt und die ihr am liebsten macht. Verteilt die übrig gebliebenen Aufgaben, indem ihr abwechselnd eine auswählt.

- Lernt zu planen. Macht eine Haushaltsliste. Oben stehen schöne Dinge, die ihr gemeinsam macht und Zeit für dich und sie.

- Setzt Prioritäten. A wichtig, B weniger wichtig, aber notwendig, C wäre schön, D sollte noch Zeit und Energie übrig sein ...

- In dem Maße, wie deine Frau Geld verdient und im Beruf Verantwortung übernimmt, gleicht sich ihre Rolle im Haushalt der deinen an – sofern du ebenfalls einen Beruf und Verantwortung hast.

Familienoberhaupt

Vielleicht stammst du aus einer traditionellen Familie, sodass es dir nicht so leicht fällt, die Macht zu teilen und nicht automatisch das Familienoberhaupt zu sein. Hast du Angst, dass dies zu Lasten deiner Männlichkeit geht? Stellt es eine Bedrohung für dich dar, dass deine Frau finanziell und in anderer Hinsicht nicht mehr von dir abhängig ist und dich somit nicht mehr braucht, um in der Gesellschaft zu überleben? Dann gewöhne dich daran, denn so ist es und es wird bestimmt nicht mehr so, wie es früher war, als deine Eltern geheiratet haben. Sie hat sich für dich entschieden und nicht für den, den du vorzugeben versuchst oder das, was du verdienst. Das war einmal.

NICHT NÖRGELN

Du hast eine andere Auffassung von Aufgaben als sie. Ihr habt euch hinsichtlich der Aufgabenverteilung sorgfältig abgesprochen und deiner Meinung nach hältst du dich ordnungsgemäß daran – sofern es die Umstände zulassen. Trotzdem findet sie, dass die Erledigung der Pflichten zu wünschen übrig lässt. Vielleicht kann sie es nicht sein lassen, darüber zu meckern. Da ist sie wie deine Mutter. Keine verlockende Vorstellung, heute Abend das Bett mit ihr zu teilen. Oder sie schaut dich vorwurfsvoll an, während

> Viele Männer brauchen **Untertitel**, um Frauen zu verstehen.
>
> Toon Verhoeven

Zeug aufräumen

Was ist das Romantischste, das du für eine Frau tun kannst? Es ist weder Blumen mitbringen noch ein Essen bei Kerzenschein, sondern mitzuhelfen im Haushalt, Kleinigkeiten erledigen, damit sie wieder Energie hat für schöne Dinge zu zweit. Nicht einen Tag, sondern jeden Tag aufs Neue.

sie die Einkäufe ins Haus schleppt und du gerade in der spannendsten Phase deines Computerspiels steckst. Was hat dieser Blick nun schon wieder zu bedeuten?
Kommt solchen Undeutlichkeiten zuvor, indem die Aufgaben und Pflichten nicht nur genau verteilt, sondern auch aufgeschrieben werden, zum Beispiel im Kalender. So könnt ihr beide jeden Tag sehen, wer sich an diesem Tag welcher Aufgabe angenommen hat. Es ist vielleicht keine so schlechte Idee, dort auch gleich aufzuschreiben, was ihr an dem Tag essen wollt und wer kocht. Belohnt euch für eine Woche ohne Fehler und wechselseitige Irritationen.

WER IST DER CHEF IM HAUS?

Du hast den starken Verdacht, dass es immer nach ihr geht. Sie findet, dass du immer deinen Willen durchsetzt. Bevor du es merkst, bist du mitten in einem Machtkampf, den niemand gewinnen kann. „Der Chef im Haus“ ist ein überholtes Konzept. Eine Ehe ist eine Demokratie, bei der niemand die Stimmenmehrheit hat. Wenn ihr nicht ordentlich damit umgehen lernt, dann bleibt es Pfusch.

So geht man (NICHT) MITEINANDER um

Früher hatte eine Frau Freundinnen, mit denen sie das Alltagsallerlei teilte, aber mit ihrem Ehemann wurden die wirklich wichtigen Angelegenheiten besprochen. Frauen haben heutzutage intimere Beziehungen zu Freundinnen und wenig Zeit. Also werden gewöhnliche Alltagsdinge ausgelassen, damit die Freundinnen schnell zur Sache kommen können. Sie führen tiefgreifende Gespräche, die auch persönliche und die Beziehung betreffende Details nicht auslassen. So verstärken sie ihre emotionalen Bindungen, die oft stärker sind, als die zu Mann oder Familie.

Wenn du nicht immer für sie da sein kannst, dann kann es schon sein, dass auch deine Frau ihr Gefühlsheil bei Freundinnen sucht. Das muss für dich nichts Bedrohliches sein, wenn du den Hintergrund hierzu kennst. Und der Vorteil ist, dass sie von dir nicht erwartet, dass du immer ihre emotionalen Bedürfnisse erfüllst.

Es ist zudem möglich und nichts Besonderes, dass sie (platonische) Beziehungen zu Männern unterhält, zum Beispiel Kollegen. Dein Vater darf nicht mal daran denken, aber du findest nichts Schlimmes dabei. Bist du nicht selbst auch mit Frauen befreundet, ohne Hintergedanken zu haben? So what?

Die meisten Männer, die auf FRAUEN schimpfen, meinen in Wirklichkeit eine ganz bestimmte Frau.

Rémy de Gourmont

Schlimm, schlimmer, AM SCHLIMMSTEN

MSie kann sich manchmal so über deine Fehler aufregen. Als ob sie perfekt wäre! Und was ist daran nun so schlimm, dass deine Wäsche neben dem Wäschekorb liegt? Ist ja wohl kein Aufwand, sie kurz aufzuheben und hineinzuwerfen? Aber nein, sie nun wieder ...!

Sie verstellt immer den Fahrersitz. Jedes Mal musst du ihn wieder einstellen. Außerdem schraubt sie nie den Deckel auf die Zahnpastatube. Und dann diese Telefonitis mit ihrer Schwester und ihren Freundinnen. Stundenlanges Gelaber um nichts.

Eure Ärgernisse gehen in der Tat um nichts. Trotzdem können sie mit den Jahren eine Art Versauerung der Beziehung bewirken. Sprich einfach darüber. Nicht vorwurfsvoll, übertrieben oder beleidigend, sondern bringe einfach klar zum Ausdruck, was du so ärgerlich findest. Und du solltest die Frage in den Raum stellen, wie das gelöst werden kann. Natürlich musst du ihr die Möglichkeit geben, das Gleiche zu tun.

Indem ihr eure Unterschiede akzeptiert, wächst eure Beziehung. Verständnis und Toleranz sind nicht immer einfach, sorgen aber für eine glückliche und dauerhafte Beziehung. Und sag selbst ... wenn die deckellose Zahnpastatube der größte Vorwurf ist, den du ihr machen kannst, dann hast du es mit ihr wirklich nicht so schlecht getroffen.

Wer soll das BEZAHLEN

Wir haben bereits darüber gesprochen: Mit Geld musst du sorgsam umgehen, denn das ist eine der Sachen, um die es leicht Streit gibt. Wenn ihr schlau seid, habt ihr ein Budget, von dem jeden Monat alles bezahlt wird und, so ihr das erübrigen könnt, für jeden noch eine Summe zur freien Verfügung.
Voraussetzung ist natürlich, dass ihr euch vorher über eure finanziellen Ziele Gedanken gemacht habt. Wofür wollt ihr euer Einkommen ausgeben? Ein Haus kaufen? Zweimal pro Jahr in Urlaub fahren? Eine Weltreise? Oder habt ihr nur so viel, dass es gerade reicht? Wollt ihr Kinder und wie viel wird das im Monat kosten?
Erst, wenn ihr diese Fragen beantwortet habt, könnt ihr sinnvoll budgetieren. Allen guten Vorsätzen zum Trotz lauert immer eine große finanzielle Gefahr. Eine Heirat, ein Haus kaufen und es einrichten, das kostet einiges. Logisch, dass dir in solch einer Phase all die Werbung für billige Kredite verlockend vorkommt. Vielleicht arbeitet ihr beide und es stellt sich heraus, dass du dir beruhigt monatliche Extrakosten erlauben kannst für Dinge, die du dir so wünscht wie das tolle Auto, den schönen Fernseher oder für die großzügige Neugestaltung des Gartens.

Der arbeitssparendste Rat heute ist, einen PARTNER mit GELD zu ehelichen.

Joey Adams

In dieser Situation gibt es nur einen Rat: Falle nicht auf billige Kredite herein, sondern informiere dich genau. Kaufe auch nur das, was du wirklich brauchst! Geld leihen kostet Geld, oftmals für viele Jahre. Und du kannst nicht wissen, wie sich eure finanzielle Situation im Laufe der Zeit entwickeln wird und welche Überraschungen die Zukunft noch so in petto hat. Sei also vernünftig und setze deine finanzielle Zukunft nicht aufs Spiel, indem du dich auf Kredite einlässt, deren Langzeitkonsequenzen du nicht überblicken kannst. Gib nicht mehr Geld aus, als es euer Budget erlaubt und lebe nicht über deine Verhältnisse. Wenn du dir etwas nicht leisten kannst, dann ist es eben so. Auch wenn du findest, dass du es verdient hättest oder weil eure Bekannten das auch haben. Spare, bis du das Geld zusammen hast. Klingt altmodisch, hat aber unbedingt Zukunft.
Wenn ihr eure Ausgaben gut im Griff habt, aber dennoch an chronischem Geldmangel leidet, dann geht es nicht anders, als nach Möglichkeiten zu suchen, wie ihr euer Einkommen aufbessern könnt. Wer von euch hat noch Zeit für ein paar Extrastunden oder einen Nebenjob?

So war das FRÜHER ...

AUSSTEUER

Wer heutzutage heiratet, hat meistens schon alleine oder mit jemandem zusammengewohnt und somit allerlei (Einrichtungs-)Gegenstände gekauft oder bekommen. Das war früher anders. Die meisten Paare heirateten, als sie noch zu Hause wohnten und besaßen somit noch nichts. Der Braut gab man ihre Aussteuer („ohne Aussteuer keine Heirat"), bestehend aus Handtüchern, Geschirrtüchern, Tischdecken und mit Spitzen verziertem Bettzeug. Dieser Brautschatz wurde zusammengespart oder von speziellen Beraterinnen und Agentinnen von Textilbetrieben gekauft. Diese kamen mit riesigen Musterkoffern zu den jungen Frauen nach Hause. Während des Hochzeitsempfangs wurde die Aussteuer um nützliche Haushaltsgegenstände erweitert. Das allgemeine Wohlstandsniveau war noch nicht so hoch und die Geschenke somit oftmals sehr einfach, wobei Pfeffer- und Salzstreuer die eindeutigen Favoriten waren; von denen bekam ein Hochzeitspaar im Schnitt vier Sets geschenkt.

FAMILIENOBERHAUPT

Der Mann war noch das unangefochtene Haupt der Familie („Der Mann ist der Kopf, die Frau jedoch der Hals. Und wenn sich der Hals dreht, dann dreht sich der Kopf mit", genauso eine Weisheit wie die, dass „der Mann isst, was die Frau kocht"). Erst in den 70er-Jahren des vorigen Jahrhunderts wurde er per Gesetz seiner Position enthoben. Bis weit ins 20. Jahrhundert war der Mann vor allem Kostverdiener und seine Hauptaufgabe im Haushalt bestand darin, über größere Anschaffungen wie Staubsauger oder Waschmaschine zu entscheiden. Er musste das gezwungenermaßen, denn noch bis 1956 durften Frauen offiziell keine Geschäfte abschließen.

ERZIEHUNG

Die Erziehung der Nachkommen lag in den Händen der Frau und Mutter. Vaters Hilfe wurde nur hinzugezogen, um seine Hand zu schwingen, wenn sich die Rasselbande zu undiszipliniert aufführte und die Mutter das Gefühl hatte, nicht mehr allein damit fertig werden zu können.

WACHSENDE LIEBE

Das romantische Liebesideal, so wie wir es heute kennen, war damals alles andere als selbstverständlich. Damals gab es ganz andere Heiratsmotive, um in den Hafen der Ehe einzufahren, als brennende Liebe. Es war an der Tagesordnung, dass du nicht die Partnerin deiner Wahl heiratetest, sondern eine, welche die Eltern für geeignet hielten. Oder eine, mit der du nicht ohne Folgen geschlafen hattest.
Doch dass es zu Beginn noch keine gegenseitige Liebe war, musste keinen Qualitätsmangel für die Ehe bedeuten. Liebe konnte mit den Jahren wachsen. Tatest du dein Bestes, hatte die Ehe eine gute Chance. Aber es gab natürlich auch Ehen, in denen sich Mann und Frau bis zum bitteren Ende mit ihren Nachnamen ansprachen. Oder Bauernehen, wo der Bauer den Arzt kommen ließ, wenn das Pferd erkrankt war, aber nicht bei der Frau.

HAUSHALTSBUCH

Mit Pfennigen und Groschen wurde in einer Spardose der Haushalt zusammengespart. In einem

Haushaltsbuch wurden alle Ausgaben sorgfältig aufgeführt. Einmal pro Woche kam Fleisch auf den Tisch: Hackbällchen, Kalbsfilets mit viel Panade oder Kohlrouladen. Für Luxus war kein Geld übrig. Aber das galt für jeden auf der Straße und darum war es auch nicht so schlimm.

BIS DASS DER TOD EUCH SCHEIDET

Als sich deine Urgroßeltern das Jawort gaben, wurde von ihnen erwartet, dass sie für den Rest ihres Lebens zusammenblieben und dass sie sich sofort auf ihre Pflichten und die Entwicklung ihres Lebens konzentrierten. Insbesondere die Frau musste ihren Pflichten – darunter auch die Pflicht zum Beischlaf – ohne Murren nachkommen.
Hegte der Mann keine zärtlichen Gefühle für seine Frau, so war dies zweifellos ihre eigene Schuld. Dann hatte sie nicht ihr Bestes gegeben. Frauen hatten einen untergeordneten Rang in der Ehe, mussten ihre Gebrechen unterdrücken und ihren Ärger hinunterschlucken. Sie hatten ihre zarten und liebenswerten Eigenschaften zu entwickeln.

Doch seit damals hat sich glücklicherweise viel getan und du kannst deine Ehe ganz anders angehen, sie selber mitgestalten und das Beste daraus machen. Denn das gemeinsame Leben von Mann und Frau gehört zu den schönsten und bereicherndsten Dingen auf der Welt – und gemeinsam könnt ihr alles schaffen …

Gute Wünsche ...

... und viel Spaß!

LAPPAN

Triff uns auf
facebook.com/Lappan Verlag
und auf
instagram.com/lappanverlag

www.lappan.de

Tipps und Tricks ...

Bildnachweis:
Titelseite: Syda Productions/Shutterstock.com,
Deb Clark/Shutterstock,
S. 15: Olga Zinovskaya/Shutterstock.com,
S. 17: AlexanderZe/Shutterstock.com,
S. 25: iStock by getty images,
S. 27: Alesia Kan/Shutterstock.com,
S. 81: Dean Drobot/Shutterstock.com

ISBN 978-3-8303-6346-0
1. Auflage der vollständig überarbeiteten Neuauflage

Originaltitel: »Getrouwd voor beginners – Hij«
Arranged through mediation of Uitgeverij Lannoo nv
www.lannoo.com

Aus dem Niederländischen übersetzt von Dr. Anja Blume
Lektorat: Constanze Steindamm
Gestaltung | Herstellung: Monika Swirski und Malina Franjicevic

Druck und Bindung:
Livonia Print

Printed in Latvia

MIX
Papier aus verantwortungsvollen Quellen
FSC® C002795
www.fsc.org

www.lappan.de